作者简介

杨忠明　湖南理工学院政治与法学学院副教授，硕士研究生导师，法学博士。湖南省社会法学研究会理事，岳阳仲裁委员会仲裁员。湖南用平律师事务所兼职律师。专业领域为经济法。

中国社科 大学经典文库

经济正义法理原则研究

杨忠明／著

经济日报出版社

图书在版编目（CIP）数据

经济正义法理原则研究 ／ 杨忠明著 . —北京：
经济日报出版社，2016.8
ISBN 978 - 7 -80257 -987 -3

Ⅰ.①经…　Ⅱ.①杨…　Ⅲ.①经济哲学—理论研究
Ⅳ.①F0

中国版本图书馆 CIP 数据核字（2016）第 178904 号

经济正义法理原则研究

作　　者	杨忠明
责任编辑	高　云
出版发行	经济日报出版社
地　　址	北京市西城区白纸坊东街 2 号　（邮政编码：100054）
电　　话	010 - 63567683（编辑部）
	010 - 63516959　83559665（发行部）
网　　址	www.edpbook.com.cn
E - mail	edpbook@126.com
经　　销	全国新华书店
印　　刷	北京天正元印务有限公司
开　　本	710 ×1000 毫米　1/16
印　　张	14.5
字　　数	175 千字
版　　次	2017 年 1 月第一版
印　　次	2017 年 1 月第一次印刷
书　　号	ISBN 978 - 7 - 80257 - 987 - 3
定　　价	68.00 元

序

　　就在刚刚过去不久的 8 月，联合国开发计划署和国务院发展研究中心共同完成的《2016 中国人类发展报告》指出，中国已进入"高水平人类发展国家"；但中国的社会与经济发展不平等问题依然突出，这引起人们对曾在改革开放后重建与恢复方面发挥重要作用的政府为主导的治理体系的反思，而建立更为开放的治理体系，提升人的自由和权利、扩大政治和社会参与，将是改善未来中国人类发展的重要议题。这与几年前杨忠明的博士学位论文从法理角度思考所得出的结论不谋而合。经济平等与经济自由联系在一起，构成经济正义核心价值；看来它还不单纯是经济问题，而需要对政府治理原则和体系作出反思和改进，本质上是宪政问题。

　　本书是在杨忠明的博士学位论文的基础上形成的。他的论文依据布坎南的宪政经济学理论和罗尔斯的正义论，从立宪程序阶段与行宪实体内容两个方面探讨得出，经济正义原则的最佳形式就是经济宪政；并且，针对我国经济现实所存在的违背正义原则的种种不公正现象，提出解决的措施：在经济领域，也应当从完善民众参与着手，实现立宪、立法民主，运行经济法治，这就是要实现经济宪政。当然，鉴于我国经济的发展现状，以及与之相关社会、文化背景所具有的特殊性，在我国实现经济宪政并不等于要去照搬西方宪政的具体做法，而是要真正发扬中华民族诚实守信的良好传统品性，培养遵守契约的精神、遵守规则的意识，树立宪法至上的理念，构建和完善我国的经济法律体系，运行经济法治。而这一过程就是经济正义法理原则的具体体现。

　　本书的作者杨忠明1990年北京大学哲学专业本科毕业获学士学位，后获中南大学管理学硕士学位，2005年在湖南大学攻读经济法专业博士学位时，是由我负责指导其论文。在此之前，我就对其有所了解，并且至今一直保持着较密切的联系。他攻读法学博士学位前就受过系统的法学知识教育，并获得湘潭大学的法律本科文凭。他不仅具有全面完整的学历知识体系，而且有非常丰富的法律和经济方面的实践工作经历，先后担任过组织部的理论教育干事、法院经济审判庭的法官、高校的经济法专业教师，并且还从事过律师，担任过上市公司的高管和董事。这些经历使得他的研究角度更广和意义更深。他为人谦虚诚恳，勤学好问，尊师重道，是我非常欣赏的博士研究生。从其研究和经历可以看出，杨忠明博士具备有全面扎实的理论基础、较强的综合能力，同时，他还具有强烈的社会责任感和突出的实践意识，能够运用所掌握的理论知识去分析、去判断，并且有勇气去探求解决社会经济现实问题的有效途径。

　　杨忠明博士的研究已奠定了一个基础，今后把布坎南的宪政经济学从程序角度和罗尔斯的正义二原则从实体角度在理论上更好地融合起来，形成更完整的理论体系，并通过经济宪政的实践更具体地去演绎和实现经济正义，这还值得他本人和其他感兴趣的学者进一步探究。我相信，随着我国政府经济治理方式改革的进一步推进，这一研究领域将会积累越来越多新的实践素材，只要他有志于此，一定还会取得更成熟的研究成果。

石柏林

2016年9月10日于岳麓山

前　言

　　传统经济法以国家干预经济为重要表现特征，它与凯恩斯经济学增加有效需求以刺激经济增长的理论密切相关，故它以经济增长为目标价值取向。但如果以宪政为角度对现有的经济法进行重新审视，就可发现其价值目标应当为正义原则，经济法的形成及运行应符合经济正义法理原则。

　　经济正义法理原则的形成与自然法理论、经济宪政理论、布坎南宪政经济学以及罗尔斯正义论密切相关。自然法则的法律化即形成宪政，自然正义构成宪政正义之维。经济宪政作为宪政的子系统，是宪政在经济法领域的展开，经济宪政与正义原则密不可分，正义原则是经济宪政的根本价值追求，经济宪政是正义原则的最佳实现形式。在经济立宪阶段，布坎南的宪政经济学通过采用不确定之幕和运用经济学的决策成本比较，确立了参与性与"一致同意原则"为正义原则的先置程序标准，即程序正义。而实体正义则表现为经济正义法理原则的具体内容，罗尔斯正义二原则可资借鉴，它们是作为基础的自由平等原则和作为补充的差别原则，其中差别原则是对机会公平平等原则的补充，它通过对机会公平平等原则所导致的阶段性不平等进行矫正，从而达至最终结果平等，所以平等是基础。

这几项原则存在着优先次序性，首先是自由平等原则的绝对优先，这体现在政治生活领域里不容差别原则存在，其次是机会公平平等原则对差别原则的优先，这体现在经济生活领域里可以容忍差别原则的存在，但它居于次要地位，其目标也是为了达至最终结果平等。差别原则为经济法的国家干预与矫正提供了依据，同时也表明了国家干预与矫正的补充性地位。罗尔斯正义论还表明了自由相对平等的优先性，自由是正义的核心，平等是自由的平等，国家干预经济所应达到的平等最终是经济自由平等，这实际就是经济法所要保障的权利，因而，经济自由平等就是经济正义法理原则的核心内容和实质标准。作为一项法律权利，经济正义法理原则，即经济自由平等，具有静态和动态的结构形式，其静态结构表现为公民的经济权利与政府经济权力之间所形成的经济法律关系，其动态结构表现为经济法治的实现过程。

　　经济正义法理原则必须化为具体的法律制度安排才能真正落到实处。正义原则的规范性为经济宪政的实现奠定了基础，它首先要求宪法必须要能够确保宪政正义；其次要使法律法规必须要符合正义原则和宪法精神。经济宪政还特别要求强化具体经济法律制度的设计。同时，正义原则（即经济自由平等）在经济宪政中的制度构建应当围权利保障来进行。不能发展的正义不是真正的正义，经济法治发展是检验正义原则发展的重要标准。"一致意见"是正义原则发展的逻辑起点；而公民的参与性是正义原则发展的根本保障，如果通过对话或者妥协，满足了其对立宪理念或立宪利益的需要，这种参与性将会形成"一致意见"；在没有满足参与性要求、或者没有形成一致意见情形下，应当保留公共理性和司法审判作为正义原则发展的补偿机制。

　　我国当前诸种经济社会问题的根源在于经济违宪和背离正义，

而违宪本质上是对正义的偏离，因而解决这些问题要从纠正违宪着手以实现经济正义法理原则。针对各种违宪的成因，在经济领域里应通过提高立法民主化程度、规范行政执法行为、强化司法程序、完善宪法解释制度、健全法规备案制度、建立公共讨论平台等措施纠正违宪。

通过综合布坎南的宪政经济学与罗尔斯正义论，经济正义法理原则在立宪程序与实体内容上提出一套相对完整、具有操作性的正义标准，并使之法律制度化，从而实现正义原则的自由平等价值与经济宪政的权利保障措施对接吻合，这对于以经济宪政满足公民的参与愿望和意见表达，缓和乃至消除当前经济社会的各种矛盾，从而实现经济自由平等具有现实意义。

目 录
CONTENTS

附表索引

第 1 章

绪　论

1.1　研究缘起

本研究缘起于对传统经济法研究进路的反思，以及经济法宪政特质与正义原则形成的启示。

1.1.1　传统经济法研究进路的反思

传统经济法在研究进路上十分倚重经济学知识和理论，经济学对我国经济法的发展产生了巨大的影响①，这主要表现为对经济法

---

① 我国经济法学界把国家主动干预经济运行作为经济法运行的特征，上述论点在以前乃至目前的一些经济法教材中都有所体现，而国家干预的法律与政策主要以凯恩斯主义经济学理论为基础，该经济学理论代表作《就业、利息与货币通论》（凯恩斯，1936）的核心思想即认为：在竞争性私人体制中，"三大心理规律"（边际消费倾向递减、资本边际效率递减和流动偏好）使有效需求往往低于社会的总供给水平，从而导致就业水平总是处于非充分就业的均衡状态。因此，要实现充分就业，就必须抛弃自由放任的传统政策，政府必须运用积极的财政与货币政策，以确保足够水平的有效需求，从而主张国家采用扩张性的经济政策，通过增加需求促进经济增长。确保有效需求、实现经济增长也成为经济法律和政策所要达到的主要目标，而社会经济公平正义的目标则未摆在显著的位置。

学研究和经济立法的影响两个方面。就经济法学研究而言，传统的研究主要以经济学手段来研究经济法问题，一方面研究者努力将某些经济学原理通过法言法语转化成相应的经济法理论，用以指导经济立法，进而提出相关的立法建议；另一方面他们试图从现有的经济法规范中提炼总结出一些普遍性的规律，或者以经济学理论重新进行诠释。就经济立法而言，立法者受经济学左右的情形也比较严重，一些经济学原理或由此而来的立法建议被移植形成经济立法或经济政策，例如经济学中的效率原则，使促进经济增长的工具化色彩在经济立法中表现突出；上世纪 90 年代以来经济体制的转型，虽然形成了对保障市场的经济法律体系迫切需求，并带来了经济立法的繁荣，但并没从根本上解决经济立法的工具化和短期化倾向。

即使仅从经济法学的生成逻辑和经济立法的价值和功用看，这一研究进路也值得反思。就经济法学研究而言，它本身就处在经济学与法学的交叉地带，因此，经济法的研究应当秉持一种开放的研究态度，应当汲取各学科的优秀成果，尤其是作为法学的一个二级学科，决不能忽视对现有法学理论的传承和超越，在此基础上形成独立的学科体系和研究体系，而不应沦为经济学的附庸，丧失其应有的学术独立性和学科影响力。就经济立法而言，对经济学理论的过分倚重和经济学帝国主义的大肆扩张必然导致目前的经济立法在价值取向上片面追求效率最大化，以经济价值取代法律价值进而造成经济法的价值偏差，以致法律沦为经济的附庸，使得经济法本身失去了应有的价值批判和指引功能，这一方面造成经济法对社会公平和人的自由、全面发展的忽视，另一方面造成经济法本体价值的缺失，不利于民众尤其是市场主体的经济法治信仰的缔造和法律观念的培养。

这种过分重视经济影响而忽视法律价值的经济法研究进路，除了对经济法学研究和经济立法产生严重影响外，还对整个经济社会的发展也造成一定的负面影响。随着政府经济权力的不断扩张，权贵资本大量涌现，社会阶层分化对立，因社会分配引发的社会不公和正义缺失问题成为影响我国经济社会健康发展、亟待解决的突出问题，从而对社会稳定产生严重的负面影响，导致社会成员幸福感明显下降。更令人担忧的是，据有关调查显示公务员成为整个中国社会幸福感最高的群体，相反其他社会成员的幸福感长期处于低位运行，这在一个正常发展的社会中是不可思议的事。探究造成上述问题的原因，这既有转轨加发展的特殊时代背景的原因，又有市场经济体制不完善的原因，还有社会主流价值观的缺失等方面的原因。然而，在所有影响中国社会经济发展的关键因素中，经济法治这一因素的影响尤其值得关注，特别是力主国家干预的经济学理论以及受其支配的经济立法的影响不容忽视，即使是主张自由市场的西方主流经济学理论也没有跳出纯粹从经济角度来看待经济法的窠臼，而经济法作为解决经济社会发展中产生的一系列片面性、不平衡、不协调问题的一种法律规范，它首先作为法而存在，这一既定范畴决定了仅仅依靠经济学理论来研究经济法问题和指导经济立法显然是不合适的，这无异于缘木求鱼。

法律作为规范社会秩序的一种特殊社会规范，有其自身特定的价值取向和运行、发展规律。作为一个独立的法律部门，经济法也有着自身特有的价值原则。从法的基本精神来看，经济法首先必须追求正义、尊重既定的宪法框架、追求程序公正。然而，建立在"经济人"假设之上的传统经济学理论，并不能准确的描述上述原则，当然更无法对其给出科学、合理的解释，因为其强烈的功利主义倾向和唯经济效率马首是瞻的行动逻辑决定了上述原则很难入其法眼。以正义原则为例，经济学家常常以利益尤其是经济利益取代法律正义，比较精致而带有迷惑性的功利主义者则常以集体利益或者最大多数人利益取代法律正义。这种偷换概念的手法因其论证方法的非科学性注定不可能产生富有解释力的研究成果和得出令人信服的结论。

因此，对经济法的研究首先应当沿着法学研究的进路，主要从经济法规范本身出发溯本探源，上溯至宪法乃至更高的自然法则，后延至经济立法、经济执法乃至经济司法等整个法治过程，这一进路有助于把握法律的核心价值——正义，而不是仅仅从几个所谓的经济学原理出发就能得出自以为科学的研究结论。因此，正义原则应当成为经济法学研究的核心内容，它不仅是法律所追求的核心价值，而且它本身就应当成为与法律相通的规范形式。尽管正义原则可能不太容易被清晰地把握，但它却能为人们明显感知。由正义原则衍生的一系列的政治法律术语：如宪政、经济宪政、法治等理应成为经济法学研究的重点，从而为经济法理论的创新和发展探出一条新路。

1.1.2 经济正义法理原则的提出

无论是从经济学还是法学的视角来看，经济法都具有鲜明的宪政特质。从经济学的视角看，以布坎南为代表的宪政经济学家认为规范与经济之间的关系表现有二：一是既定规范之下的经济内容；二是不同规范间选择的经济考虑。据此，布坎南对经济法规范的核心构成要素，特别是对其中的税法规范进行深入，阐明了这一规则的生成过程，并指出了其所具有的宪政特质——限制国家权力，保护私人权利。对此，《宪政经济学》一书的编校者冯兴元曾评述道：普通的公共选择理论一般只是"要求对较低级次的规则作出调整和选择……布坎南和塔洛克 1962 年的著述《同意的计算》把重心放到了宪政经济学上——这是一种更高层面的公共选择理论"。这是公共选择理论的一种宪政上升，所针对的领域主要涉及经济法中的财政税收法方面，这些经济法规范是沿着经济学的进路而得以上升。从布坎南试图通过"一致同意原则"来构造和形成这些规范的过程来看，显然他将这些规则的制定看成了立宪过程，从而使得这些经济法规范的宪政特质得以彰显。这一方面使宪法规范打上鲜明的经济学烙印，另一方面也使宪法规范背后的普遍法理自然成为促进经济法规范发展的深层支配力量，循此路径正义原则也理应成为经济法研究所必须考虑的关键要素。

从法学的视角来看，经济法规范的宪政特质表现得更为直接，这与国家作为经济法律关系中一方主体密切相关，而宪政则主要涉及国家权力的形成、规范、制约及其运作。然而，以往我国对经济法的研究鲜有从宪政角度追寻国家权力正义与否的问题，现实中以革命理论与实践来回应国家权力的正义问题，正义问题与其说是个宪政命题还不如说是个革命命题，在此情形下，正义原则不是法权形成需要考虑的要素，自然也不会成为经济法规范的核心价值。既然国家正义不容置疑，那么作为宪政规范之一的经济法规范的正义亦不容置疑。因此，经济法的研究对象应是特定规范之下的较低层次的经济立法、经济政策或者经济行为，而不应对更高层级的宪政规范进行正义考量和价值选择。然而，革命理论的真正要义不在于摧毁，而在于建设；摧毁只是在无法通过建设而实现正义的别无选择的特殊情形下所采用的必要手段，建设才是革命的根本目的，而正义最终只能通过建设得以实现，所以摧毁的正义最终应当以建设的正义来回答。因此，真正革命的正义最终也应当是宪政的正义，宪政的正义体现为各方共同参与的建设性正义。从根本上看，国家权力的正义不是以摧毁性的胜利来获得的，而是通过人民的拥护和参与来获得的，摧毁性的胜利只有建立在人民拥护和参与的基础之上才是正义的。在经济领域，当国家经济权力介入经济生活时，也应当以人民的拥护和参与为衡量标准，这表明了经济宪政的形成过程。只有经过经济宪政形成过程（即立宪程序）而产生的经济法规范，才可能是正义的，因为这种立宪程序的保障至少会使经济法规范本身变得更加容易为人所信服。然而，这一程序保障只为经济法规范提供了正义可能性，这并不意味着其具有正义的现实性，经济法规范的正义的现实性还必须依赖实体的正义内容才能获得正义的现实性，这就是经济正义法理原则所要阐述的具体内容。

以经济学为进路和以法学为进路看待经济法规范的宪政特征，虽然可能会在宪政形成程序上短期表现出相对的一致，但对其所保障的实体正义内容的回答则可能有所不同，这主要表现在对效率和公平价值的不同侧重上。经济学进路更推崇效率价值，甚至认为"效率就是正义"，这一价值判断在"不管黑猫白猫，抓到老鼠就是好猫"、"发展就是硬道理"等政治论断中得到了淋漓尽致的体现，这与功利主义者所追求的利益最大化在本质上是一致的。这一研究进路将效率作为首要价值优先考虑，以经济是否增长作为衡量经济活动正当性的根本标准，体现在现实经济生活中就是唯 GDP 论高下。保障经济效率的经济法规范仅仅作为经济增长保驾护航的工具而存在，沦为经济增长的手段而丧失了其自身应有的批判功能和对社会经济发展的指引功能。这种只重结果不问手段，只求 GDP 增长不管手段是否合法正当的立法模式不具有恒定的价值追求，只具有工具化的作用，可能仅仅因为其不利于经济增长而被废、改，这使得我国的经济法规范表现出频繁的立、改、废特征，当然，这与我国经济体制转轨和社会经济的飞速发展不无关系，但是毕竟过于频繁的废改立难免让人觉得法律是可以"朝令夕改"的，这不利于法制权威和政府公信力的建立。显然，这一研究进路指导下的经济立法模式容易造成程序上的随意性，对程序要求严格的宪政构成挑战，并还导致经济法规范体系的庞杂和不稳定，使之既缺乏宪政的长期约束，也不能获得宪政的长期支持。法学进路则更加强调公平，"公平才是正义"已隐含在"不患寡而患不均"这样的名言中，这里的"均"不应当仅理解为"平均"，而应当理解为"公平正义"，"寡"不应当仅仅指物质的匮乏，还应当包括发展的不足、各种利益的匮乏，这表明公平正义不仅仅作为发展的工具而存在，它不是功利主义的，而是法的基本价值，当然也是经济法规范的本体价值，公平正义是法律的应有之义，应贯穿于整个宪政过程之中。经济法规范的宪政过程是经济领域内的一系列规范展开的过程，既包括作为宪法的经济法规范，也包括作为法律、法规的经济法规范，甚至还包括政府经济政策，因为一方面政府经济政策作为一种公共政策，具有普适性；另一方面政府经济政策也是对其上的法律规范的选择。因此，经济法规范的宪政过程不同于弗莱堡学派所引入的经济宪法，因为后者主要是从宪法的角度静态反观经济法规范。经济法的宪政过程也不同于布坎南的所提的宪政经济，因为后者虽然涉及到了税法、财政规则的宪政过程，但并没有涵括全部的经济法规范，且后者所提出的宪政经济主要是指道过经济分析来决定规范的取舍，而经济法规范的宪政过程则需要将更高意义的自然法以及正义原则贯彻在这些规范之中。经济法规范的宪政过程可以借用"经济宪政"①的称谓，但是这里与以往这一称谓含义不同的是：正义是整个宪政的过程最高原则，而不仅仅只停留在宪法原则上，宪法也要服从于正义原则；同时公平正义作为一项最高原则不应仅具有象征意义，而应作为贯穿于经济法规范形成及运行整个宪政过程的实践准绳。然而，这一进路所强调的正义原则并不排斥效率和利益，相反鼓励

---

① 单飞跃. 经济宪政：一个宪政新命题的提出 [J] . 湖湘论坛，2005，(3)：49.

以利益的公平分配来促进效率的提高，并以效率的提高来更大程度地实现可供公平分配的利益，只不过正义原则作为经济法规范宪政过程的最高原则本身具有本体价值。

综上所述，本选题主要是基于以下几个方面的考虑而提出"经济正义法理原则"：第一，以往的经济法研究主要是以经济学为进路，对法学进路本身的关注仍显不足，这容易造成对正义原则的忽视，难以阐释经济法的宪政特征，不利于维护经济宪政的稳定性；第二，从实践层面看，过分倚重经济学进路的经济法研究虽然取得了一定的研究成果，对我国经济社会的发展产生过一些积极的影响，但是这一进路无法回答和解决现阶段因公平正义的缺失而造成社会经济不和谐问题，也无法解决现有规则框架下经济的可持续发展问题。布坎南的宪政经济学尽管也开始考虑规则的合理性问题，并在一定范围和一定程度上可能重塑经济法的宪政地位，但建立在"经济人"假设基础上的经济学理论却无法完全发掘经济法规范应有的内在价值，并且也无法从根本上探求到那些不能用来进行市场交换的正义。因此，宪政经济学尽管能就目前我国经济发展过程中出现的诸如政府经济权力过分膨胀等问题提供一些解决思路，但是无法从根本上回答社会不公和正义缺失等严重制约我国经济社会发展的重大现实问题，并提供一整套科学、合理、可操作的解决方案。

本选题的研究，重点需要回答如下问题：经济正义法理原则的基础理论源自何处？内容构成如何？如何加以制度化？如何得以实现？

1.2 研究价值与意义

就理论意义来看，以法学为进路对经济正义法理原则进行深入研究，能够加深人们对于经济法本质的认识，理解经济法中的宪政问题，即经济宪政与起支配作用的正义原则之间的有机联系，真正认识经济法作为法律所应具有的本体价值，从而突破传统经济法研究将其仅仅视为工具手段的局限性，无疑这对于经济法的理论创新具有重要的意义：第一，使经济法的研究回归法学研究的进路，并上升到宪政和法理的高度；同时融合经济学、伦理学等其他学科的知识，这有利于促进经济法理论研究的深入和学科融合；第二，对经济正义法理原则的研究在一定程度上可以使经济法立法摆脱经济学理论的束缚和传统研究的法条式梳理和注释性解释的做法，从正义原则这一法的本体价值出发探究经济法规范固有的生成逻辑和发展规律，这对重构经济法理论基础具有积极作用；第三，对经济正义法理原则的研究还可以拓展宪法学的研究视野，避免对宪法理论的研究成为仅仅关注抽象人权和政府权力的空洞说教；通过研究市场主体的经济权利与政府经济权力的配置过程，将宪法理论落实到具体的经济权利与权力上，这有利于在经济领域形成宪政秩序，使经济宪政成为指导市场主体和政府机构经济行动的指南和根本准则。

就现实意义来看，对经济正义法理原则的研究意义有三：首先，对经济正义法理原则的研究有利于解决当代中国经济发展中面临的一系列复杂问题。从平衡发展的角度看，利用财政转移支付解决经济发展的地区不平衡问题；利用财政税收手段解决经济发展的结构失衡问题。从可持续发展的角度看，可以扩大成本的核算范围，全面纳入代际成本、环境成本以及立法决策程序成本等等，通过比对成本与效益，重新评估经济立法和经济政策内容与程序的正当性，解决不可持续发展的问题。其次，对经济正义法理原则的研究有利于树立和谐社会理念，解决当代中国在社会稳定上所面临的一系列问题。诸如：法治观念的普及和正义原则的法律化有助于解决因经济发展失衡引发的社会稳定问题，扩大违法成本的核算范围、减少违法行为对法治的破坏，引导人们尤其是市场主体和政府普遍遵从经济法治，为维护社会稳定和构建和谐社会奠定良好的经济社会秩序。最后，对经济正义法理原则的研究有利于人本主义法治观的确立，纠正当代中国法治建设的理念偏差，使社会主义市场经济法治更好地服务于人的自由全面发展。人本法治观的确立还有助于防止政府经济权力的无限扩张，矫正政府将经济法治视为治民的工具和手段的理念偏差；人本法治观的确立还有助于使经济法治上升到经济宪政，将政府的经济行为、经济立法行为乃至立宪行为都置于正义原则等自然法则的考量之下；人本法治观的确立可以为解决政府与民众之间的现实冲突和紧张关系提供一些标准，如宪政标准、正义标准，使政府的经济立法和经济执法行为受到个人经济权利和社会经济权利的制约。

1.3　国内外研究现状

对经济正义法理原则的研究是融合法学、政治学、经济学和伦理学等多学科的综合性、开创性研究。目前，还缺乏对这一问题的系统整体研究，但是涉及到"经济宪政"这一主题的分项研究却并不少见，并且现有的研究已就一些基本问题达成了共识。因此，本文的重点不在于从众说纷纭的观点中作出选择，而旨在对已取得的共识且经实践验证的理论进行系统综合，积极探究正义原则在经济法规范形成和运行的宪政过程中的表现出的内容、特征及实现途径。

1.3.1　经济法的宪政特质

国家作为主体参与经济法所调整的经济关系，使经济法表现出国家的主体特性，而国家的职能和权力配置（包括国家的经济职能和经济权力）均源于宪法，从而使经济法表现出鲜明的宪政特质，经济法表现出宪政上升的趋势。因此，"瑞士的学者不称经济法，而使用'经济宪法'或者'经济公法'"。[2] 近年来，这两者之间的密切联系也引起了国内一些学者的注意，他们认为经济法的法治过程（立法、执法、甚至司法）同样也要经过宪政程序。有学者认为，经济法通过维护社会整体经济效益，保障经济民主，捍卫基本经济制度等途径反映宪政价值，并认为研究经济法的宪政价值有利于经济自由、经济公平、可持续发展等经济法价值的实现，促进经济法规范体系的进一步完善，强化经济执法与经济司法实效。①

有学者提出"宪政经济学"的概念，认为这是一门运用新制度经济学的制度建构主义以及公共选择理论的理性选择主义等方法论工具，解释公共机构及其工作人员的行为模式及动因，从而在宪政层面提出对政府悖论、公共财政预算等问题的元规则解决之道。可以说，宪政经济学是一门研究不同规则间选择与同一规则下选择的经济学。因为存在规则不合适，好心人也干坏事的情形②，因此规则的选择就显得尤为重要。理想的规则应当是这样的一种规则，即规则合适，坏人也能干好事。由此，宪政经济学作为"一门规则间与规则下选择的经济学"概念由此被提出。

有学者提出"经济宪政"的概念，认为它属于宪政之下的子概

---

① 肖峰昌、阎桂芳：《经济法的宪政价值研究》，载《山西大学学报（哲学社会科学版）》2006年第4期
② 李慧芳：布坎南宪政经济思想初探，《大学时代》，2006年第4期。

念。经济宪政是国家为了确保经济领域自由秩序之实现，而"采取经济行动时所必须遵循的根本准则，是国家经济行动的绝对命令"。在应然层面，经济宪政以平衡国家经济权力与个体经济权利为己任，反对任何形式的经济专制，既不容忍国家权力的滥用专制，亦对私人权利的经济专制抱有戒心；在实然层面，经济宪政体现为以经济宪法为依托的彰显经济宪政精神的经济法律文件，以及经济执法、经济司法、经济守法的实际效果。① 总之，只有在宪政框架下的国家经济行动才具有足够的正当性基础。[2]

由此可见，经济法规范是经济宪政的一部分，它是以经济宪法为核心的、具有经济内容的规范性文件，且由宪法的反专制特点可以推出经济法也具有反专制的特点。虽然有学者认为经济法具有相对于宪法的独立性，但并不否认它与宪法一样在价值取向上也追求"社会责任"，正如有学者所指出的，市场规制关系诞生于国家与市场日益融合的背景之下，作为市场关系与国家关系相结合的法律形式，经济法在对市场规制关系调整的过程中，客观上促进了国家经济公权与社会经济私权的不断融合。经济法以社会责任为宪法基础，正是不同于传统意义上国家权力与公民权利关系的国家经济公权与社会经济私权，体现出了宪法社会责任在经济法领域的新面向。②

综上所述，经济法的宪政特质，不仅在于表明经济法应当遵循宪法的原则和规定，还在于说明宪法本身的特点和宪政对经济法运行的影响。例如，因为宪法的根本价值取向在于人民主权和限制政府权力，因此经济法在价值取向上也倡导市场主体经济自主权和限

① 经济宪政强调经济法规范及其实际运作过程，这似乎更接近于本文后面所谈到的经济法治，即以经济的宪法规范为核心的经济法律规范的统治。
② 王显勇：论经济法的宪法基础，《湖南大学学报（社会科学版）》，2006 年第 3 期。

制政府经济权力。同理，如果宪法更多地被视为赋予政府权力，经济法也可能更多地被视为赋予政府经济权力。相应地，如果宪法被视为人民与政府之间权利和权力的平衡，那么经济法也应当遵从这种平衡。但是获得这种平衡并不是一件容易的事，仅靠理性思辨或者经济分析并不能获得满意的答案，不过将这两者有机结合，并加以综合平衡倒不失为一种有益的探索和尝试。

1.3.2 法律与立宪的经济分析

对表现为法律或政策的规则进行经济分析以追寻规则的形成理由，这与经济学帝国主义的扩张不无关系。因为法律或政策作为一种公共规则而存在，所以对这些规则进行经济分析的学者大体可归入公共选择学派。正式的法律规则，尤其是远离经济领域的法律规则，如司法程序规则等与较低层次的规则与政府的经济政策和更高层次的规则——宪政规则是有区别的。不同层次的公共规则，起作用的因素也不完全一样。

1.3.2.1 法律规则的经济分析

对于比较纯粹的、非政府经济政策的立法和司法规则，美国法学家波斯纳在《法律的经济分析》一书作了很好的经济分析，诚如他本人所指出，这本书的主要命题是：第一，经济考量在司法裁决过程中具有举足轻重的作用，即便此种作用尚未被足够重视；第二，立法机关和司法机关对经济理论的明确运用将会极大地改善现有法律制度。法律的经济分析并非具有高度的意识形态性，而是将经济学作为一种理性选择的方法论——即诉讼过程中各方所要达成的理性选择，也就是在消耗最少资源达致最大效益的前提下满足预期目标，从而将节省下的资源运用于社会的其他领域。不管各种法律制度所追求的目标有多么不同，只要它意识到手段与目的以及成本与效益在经济上必须相适应，那么它一定会设法以最低的耗费去达致这一目的。① 虽然波斯纳也承认法律规则可能有着不同于一般经济政策的特定目标，但这一目标也应以最经济的方式（如立法或司法）达到。② 所以，波斯纳的法律的经济分析主要是建立在法律的工具性价值基础上，是经济分析方法在法律程序规则上的应用。

国内也有不少学者对法律的经济分析这一方法进行了研究，并运用这一方法分析具体的法律问题。近年有关法律的经济分析的代表性成果主要有：周林彬的《法律经济分析论纲》、魏建、黄立君、李振宇的《法经济法：基础与比较》。2006 年，钱弘道教授出版了《法律的经济分析》一书，该书对经济分析法学的产生、发展和理论基础进行条分缕析的梳理，并对法律的经济分析概念、角度和工具进行了深入浅出的探讨，且将这一理论运用到宪政、产权、犯罪与刑罚、司法改革和生态环境保护等多个具体法律领域进行分析。

1.3.2.2 立宪过程的经济分析

美国历史学家、美国史学的经济学派创始人之一查尔斯·A. 比尔德最早将宪政与经济联系起来，他论证了立宪过程背后的经济力量，指出宪法的诞生实质是利益集团之间划分经济利益结果的政治表现。③

在宪政领域，公共选择理论的带头人布坎南的《同意的计算》是把经济学分析方法应用于这方面而形成的杰作。他认为："公共选择是政治上的观点，它从经济学家的工具和方法大量运用于集体或

---

① ［美］理查德 A 波斯纳：《法律的经济分析》，中国大百科全书出版社，1997 版，第 1 页。

② Posner, R. A. Utilitarianism, Economics and Legal Theory. Journal of Legal Studies, 1979，8：103 – 140

③ 唐任伍，王宏新：宪政经济：中国经济改革与宪政转型的制度选择，《管理世界》，2004 年第 2 期，第 38 页。

非市场决策而产生。"① 公共选择理论主要将经济学中的"经济人"假定、成本和收益计算引入公共决策分析，并主要视公共决策为两种成本的权衡和较量：一是达成全体一致所需要的成本，一是在少于全体一致规则下个人所面临的成本。这样的权衡使得人们对于规则的选择有了标准，使得不同的公共理论之间可以相互比较。

如果所做的工作仅停留在这样的状态，则公共选择理论不过仍然只是传统主流经济学拓展的一个应用领域。如果它没有形成另外一些特性从而导致经济学工具本身的某种改进，那么它也就称不上对经济学所产生革命性的影响。因此，后期布坎南更致力于发展宪政经济学，② 以此与主流经济学区分。只有将经济分析运用到对更高层次的规则形成理由的分析上，公共选择理论所用的经济学工具才会更明显地表现出不同于主流经济学工具的地方。此后，他的演讲集《经济学与立宪秩序的伦理学》便是从宪政经济学的角度批判了主流经济学，因为他认识到了伦理对于宪政规则的作用。然而，总体上他还是把伦理纳入了经济分析工具，试图运用经济分析的方法（即宪政经济学）来探求宪政规则的形成理由，用以解释宪政经济规则。宪政经济学对经济规则所能提供的支持相对于解释其他领域或其他性质规则来说当然更显有力，所以，这一方法布坎南在财政税收领域运用的得心应手。他与布伦南的著作《征税权》就是一个典范。对以经济宪法规范为核心的经济法规范，运用宪政经济学的分析方法来进行解释、选择或进行合理性判断也许比其他方法更有效。

1.3.2.3 经济分析的局限性

由于经济分析对于规则背后的伦理因素缺乏应有的关注，因此

---

① 詹姆斯 M. 布坎南，戈登塔洛克：《同意的计算》，中国社会科学出版社，2000年版，序言第 2 页。

② 有些学者也将之译成立宪经济学。

从本质上看宪政经济学与法律的经济分析应属于同一方法。然而，伦理因素能否成为经济分析的某些参数或变量？它是包含在经济分析方法之内，还是与经济分析方法并行不悖？对此还有待进一步地分析与探讨。而正义作为法律的首要价值本质上是一个伦理因素，虽然布坎南也关注到了罗尔斯的正义论，并在一些前提假设中也提到了"无知之幕"，但是正义对宪政规则的影响方式毕竟不同于经济学的影响方式，这一点并未引起他足够的重视。也许从本质上看正义不属于经济分析的范畴，而属哲学思辨的范畴。但是，为了使正义变得明晰起来，为了使我们看到正义与宪政规则之间内在关联，我们也许仍然需要借助经济分析通过成本比较来判断这些规则。

1.3.3　经济宪政正义的分析

经济宪政正义的分析以罗尔斯正义论为基础，主要分析经济正义、经济宪政正义问题。

1.3.3.1 罗尔斯的正义论

对正义进行分析，当代影响最大的当属罗尔斯。罗尔斯以契约论为基础，探讨了在原初状态（无知之幕）下，人们将达成全体一致的两项正义原则："第一个原则：每个人对与其他人所拥有的最广泛的基本自由体系相容的类似自由体系都应有一种平等的权利。第二个原则：社会的和经济的不平等应这样安排，使它们被合理地期望适合于每一个人的利益；并且依系于地位和职务向所有人开放。"① 其中第一项原则主要是针对政治生活领域的原则，而第二项原则主要是针对经济生活领域的原则。并且，他还全面分析了这两项原则的关系，特别提出两项原则中所包含的优先秩序（即第一项

---

① 罗尔斯：《正义论》，中国社会科学出版社，1988 年版，第 56 页。

自由平等原则优先第二项原则，第二项原则中的机会公平平等原则优先于第二项原则中的差别原则），用以解决由于上述两原则冲突而产生的价值取向问题。这一次序意味着：违反第一原则所要求的平等、自由不可能因获得较大的社会经济利益而得到补偿或辩护。收入和财富的分配及权利的等级必须同时符合平等公民的政治自由以及机会的自由。

1.3.3.2 经济正义与经济宪政正义

国内虽有不少学者关注正义问题，但深入而全面地追问经济规则的正义性的学者并不多。有学者立足于人的人性需要和利益关系以及现代经济关系中所凸现出来的人与人、人与自然之间的紧张对峙状态，从人性的角度分析了经济正义的存在基础，认为"经济正义是对经济生活的正义观，它越出将经济狭隘地视为追求财富的片面观念，把人类的经济领域置放到生活世界的价值平台并对之加以哲学的考量和意义的审视，确保经济活动以人的自由之本质为终极旨归。"[①] 也有学者对经济正义问题作了全面的探讨，并提出了评价经济制度是否正义的三大标准：第一，是否实现自由和秩序的统一；第二，是否实现效率与公平的统一；第三，是否实现人的全面发展。[②] 还有学者从正义的源头探讨经济领域的正义问题，认为经济正义构成正义理论的重要内容，是对经济活动及其伦理道德、规范制度的正义追问。经济正义作为对经济活动的哲学反思，要求经济发展始终要以人与社会的全面发展为依归和目的。经济正义可以划分为经济主体正义与经济制度正义两个层次。经济主体正义是指个体在经济活动过程中如何践行道德正义原则，实现个体利益与整体

[①] 毛勒堂：试论经济正义及其存在论基础，《云南大学学报（社会科学版）》，2004 年第 1 期。

[②] 何建华：《经济正义论》，上海人民出版社，2000 年版，第 174 - 180 页。

利益、短期利益与长期利益的有机整合，兼顾社会文明的永续发展与主体目标的最大实现。经济制度正义则是对经济制度安排和运行价值取向的正义性反思，聚焦于经济权利与义务的配置、经济权利与权力的划分是否公正合理。① 除此之外还有学者在结合现实经济环境和综合经济学与伦理学等学科的基础上，认为经济正义所反映的是经济发展中人与人之间的关系，是对经济活动和经济发展的目的、过程、手段、结果所体现的复杂关系所作的合理性评判。

如果用一些不同的词汇定义正义也许并不难，例如公平就是正义，自由平等就是正义，罗尔斯的正义原则也包含有类似的定义，然而对于定义正义更具价值的或许是正义结论的形成过程，这个过程也是正义的体现。这一过程既需要思辨也需要分析，思辨的过程可以使正义的内涵变得深刻，而分析的过程则将使正义的内涵变得明晰。而罗尔斯的正义论在学界之所以能够产生巨大的影响，很大程度上归功于他对正义原则这一古老问题的思辨和分析的证明过程。

对于经济宪政的正义性的追问，就过程研究而言还有待进一步强化，因为经济宪政的正义性不仅表现为有国家参与的经济规则（或称经济宪政规则、经济法）内容及运行的正义性，还表现为这些规则形成过程的正义性。罗尔斯的正义分析过程或许为我们分析经济法规则形成的宪政过程提供一些有益的启示。同样，对经济宪政规则正义的分析也免不了经济分析。不过，就同一个法律规则而言，法学家往往维护的是公正，经济学家往往维护的是效率。在绝大多数情况下，经济方法和法律方法常常是殊途同归。② 就帕累托最优规则而言，它不是一个价值判断，而是一个实证性的标准。公正是

---

① 王爽：《论经济正义》，新疆大学硕士学位论文，2006 年 4 月。
② ［美］罗伯特·考特，托马斯·尤伦：《法和经济学》，张军等译，三联书店上海分店、上海人民出版社，1994 年版，第 5 页。

一种主观的价值，效率则是个客观的价值。① 然而，没有理由相信帕累托最优所包含的价值判断比其它标准（比如公平）所包含的更少，因为根据帕累托最优原则，全社会的所有财富集中于一人和社会中每一个人分得相等的一份完全可以是一样好的，难道这不是一个价值判断吗？在经济学中效率的概念仅指帕累托最优和卡尔多·希克斯效率，但是却存在多种评价公正的观念。如将价值判断压缩到可能的最低水平，效率准则的要求就是应避免资源的浪费。② 没有相反的迹象的话，效率应该是值得追求的。

人们认为效率和公正是两个对立的概念，一个有效率的法律解决办法可能是不公正的，一个公正的法律解决办法又可能是缺乏效率的。法律应该关注公平和正义，但是对社会整体而言做任何事都要代价，法律工作者也不应该做没有效率的事。效率与公平有着比人们想象中更密切的关系，远非表面上凸显的矛盾那样简单。③ 效率与公正的价值一致性已为法经济学的研究所指明，它们之间的冲突被人们严重高估，事实上效率与公正在大部分情况下并不冲突，并且社会公正与正义应当界定一定效率的基础之上。④ 也就是说，社会公平、社会正义这些概念在很多情形下，实际上也一个效率问题，"正义的第二种涵义——也许是最普通的涵义——是效率"。[6]同时，公正不仅仅只代表一种符合人性的美好价值追求，同时也是效

① H. L. Feldman, the Critical Discussion, in Objectivity of Legal Judgment, 92 Mich. L. 1187, 1994.
② ［美］乌戈·马太：《比较法律经济学》，沈宗灵译，张建伟审校，北京大学出版社 2005 年版，第 4 页。
③ ［美］乌戈·马太：《比较法律经济学》，沈宗灵译，张建伟审校，北京大学出版社 2005 年版，第 2 页。
④ 参见张维迎："作为激励机制的法律"，张维迎：《信息、信任与法律》，三联书店，2003 年版，第 63－178 页。

率得以持续的基础，没有公正的效率必将破坏效率本身，所以公平正义更加值得关注。

1.4 研究思路

经济正义法理原则问题不仅是一个重大的理论问题，还是一个具有重大现实意义的实践问题。本文拟从传统经济法研究进路的反思切入，指出传统经济法研究在价值取向上过分倚重经济学理论和知识所导致的经济法学研究的价值迷失，从而提出经济法学研究要回到法学研究的方法，不仅要关注经济法的经济性特征，而且更要关注经济法作为法学学科的定位，进而引出本文的中心论题经济宪政的正义原则。本文意在通过将经济宪政与正义原则有机勾连，引起经济法学研究范式和研究方法的变革与创新，采用法学和经济学双管齐下的方法对经济法进行全面、深入的研究，进而为经济法理论的完善与创新贡献绵薄之力。为此，本文将按照提出问题——分析问题——解决问题的基本进路展开分析。首先，拟追溯经济宪政与正义原则的理论源流，从宪政开始再到经济宪政，紧接着考察经济宪政与正义原则的关系问题。其次，以罗尔斯的正义论为核心探讨经济正义法理原则的内容，从静态和动态两个层面对经济正义法理原则的结构进行分析。再次，从经济正义法理原则的法律化、制度建构及其在经济法治中的发展三个方面探讨经济正义法理原则的制度化问题。最后，立足我国经济法中违宪偏离正义原则的现实境遇，分析违宪正义偏离的类型和成因，并在此基础上提出一系列实现经济正义法理原则的法治对策。

1.5 研究方法

本研究主要采用下列研究方法:

(1)跨学科的研究方法。经济宪政的正义问题涉及法学、经济学、政治学、伦理学等多个学科,因此研究主题的交叉性决定跨学科的分析方法成为本文的主要研究方法之一。

(2)法律分析的方法。本文讨论的是经济领域的宪政问题,既关涉经济又是一个标准的法律问题,因此法律分析是本文的重点。

(3)实证分析与理论解释相结合。实证分析注重结合我国的经济法律制度体系来进行;理论解释注重定性分析,对实证分析发现的问题进行理论解释,进而探讨现有经济法制度如何建构正当性与合理性,从而寻求进一步的改进和完善对策。

(4)规则结构的静态分析与法治过程的动态分析相结合。经济正义法理原则在结构上既包括静态结构又包括动态结构,因此动静结合必然成为本文的分析方法之一。因为经济宪政本身也包括动静两个方面,作为静态的经济宪政主要是指关涉经济领域的一系列宪法性规范的总和,而作为动态的经济宪政则包括经济立宪、护宪、行宪和违宪审查整个宪政过程。

(5)博弈分析相结合,以此在国家与市场、公权与私权、自由与管制等诸多范畴之间寻找恰当的平衡点。

第2章

经济正义法理原则的理论源流

2.1 自然法与宪政正义

在理解经济宪政之前，应当先对宪政形成一个基本认识。虽然宪法的存在并不表明宪政的存在，但是宪政的运作过程却离不开包括宪法在内的涉及公民权利与国家权力内容的一切法律，因此，作为其他法律衍生的源头，宪法对宪政的重要性不言而喻。那么真正理解宪政，就有必要首先探求宪法应有的生成背景，理解宪法存在的理由。

2.1.1 作为宪法高级法背景的自然法

对宪法存在理由的追问构成宪法哲学①研究者们孜孜以求的学术旨趣，对这一问题的回答实际上是对人为建构的宪法秩序的正当性要求的满足。人为建构的正当性证明之所以重要，其原因在于任何一种人为建构的秩序都是彼此冲突的政治文化意识形态达致纳什均衡之结果，这一过程要么借以赤裸裸的暴力与征服，要么通过广泛的对话、合作与妥协而得以形成。因此，对暗附于其中的政治文化意识形态及其冲突的解读，有助于为个体对当下客观存在的接受与认同提供依据，进而为社会行动指明方向。更为重要的是，对正当性的追问根源于人类的求知欲望。人类之渺小似宇宙尘埃，诚如帕斯卡尔所言之仅如"苇草"，黑暗与恐惧常常蒙蔽我们的心灵，但人类是"会思想的苇草"，能够凭借理性的力量揭开笼罩在我们心灵之上的"无知之幕"，照亮黑暗、驱除恐惧。所以，对正当性的追问是人类寻求心灵慰藉的重要途径，以此避免精神世界的黑暗与恐惧。

宪法秩序的正当性往往通过两条路径而得以证成，要么以现实功效为基准对宪法秩序进行审视，考量其对人类物质世界与现世生活的需求满足；要么以恒定价值为基准对宪法秩序进行扫描，考量

① 宪法哲学是从哲学角度解释宪法的理论体系，它围绕关涉宪法存在与运行的一系列元命题开展智力活动，其根本目的在于解决人类宪法的正当性问题，并为人类如何通过宪法达致"善"之理想世界提供智识源泉与方法论基础. 宪法哲学并非哲学分支，因为其不具有先验的研究立场，它是对由宪法所型构的客观世界的一种价值追问，表达了宪法学的"哲学气质"，成为其必须具备的一种面向. 基于此种面向，宪法哲学训练了宪法学家更好的解决宪法问题的能力与思维. 具体来说，宪法哲学通过以下三个问题解决宪法的正当性问题："人类生活为什么需要宪法"；"人类生活需要什么样的宪法"；"人类如何通过宪法达到目的". 参见李琦. 宪法哲学：追问宪法的正当性.《厦门大学学报（哲学社会科学版）》，2005，（3）：13-20。

其对人类精神世界与理念信仰的追求满足。对宪法满足现世生活需求向度的审视关注的是具体宪法在特定时空范围内发生作用的有效性，即通过宪法的社会治理能否满足某一具体国度国民的现实需求，例如能否实现对国家权力的有效控制，能否提供化解重大政治冲突的解决之道，能否促进经济的增长与繁荣，能否创造适宜水准的社会福利从而使国民避免生存匮乏的恐惧等等。如果这些现实需求具体宪法无以回应，甚至反而导致了与国民期冀实现之目的相反的局面，那么具体宪法存在的必要性与正当性自然会遭受广泛的质疑与拷问。这种质疑与拷问可能仅仅只是针对具体宪法功用的有效性，因此在具体宪法的制度框架之下，意欲改革的国民往往通过修宪、释宪等方式对具体宪法予以纠正，将自身重置于一个新的宪法秩序之中。这里否定的只是旧的具体宪法，作为社会治理形式的宪法，其本身价值依然值得肯定。但如果质疑与拷问超越对具体宪法现实功用的纠缠，转向对人类精神世界与理念信仰的追求满足，通过某些预先设定的恒定价值如正义、公平、自由、秩序等考量宪法的正当性，那么问题就要复杂得多。在这一向度上，"此岸世界"的"需求满足"为"彼岸世界"的"追求满足"所替代，存在于人类精神与理念"彼岸世界"的那些恒定价值一旦无法满足，小规模细枝末节的修宪、释宪必定无法解决问题，只有随之而来的大规模的宪政变革才能挽救宪法的权威，避免宪法秩序的崩溃。显然，对宪法精神或信仰的改造要较技术性的条文修改困难得多。

以现实功效为基准的正当性证明其实是"此岸世界"的一种经验证明，而以恒定价值为基准的正当性证明其实是"彼岸世界"的一种精神证明。正如"此岸世界"的"经验"时常背离"彼岸世界"的"精神"，现实功效与恒定价值固然可能完美合一，却也经常渐行渐远，乃至分道扬镳。这是人类行为与理念之间与生俱来却又无法调和的矛盾。只是不管"经验"与"精神"如何背离,现实功效归根结底还是要立基于恒定价值的精神追求之中。对此,康德指出我们永远无法在经验的意义上获得"关于上帝存在、自由和不死的知识"①,但我们行为的目的、价值与意义却永远立基于这些"关于上帝存在、自由和不死的知识"之上。正如圣·奥古斯丁所言:"信仰先于理解"②,人类行为的终极意义始终无法由经验得以阐明,而必须借助那些在科学主义看来似乎是虚无缥缈的超验因素。所以,经验证明"不是具有终极性的正当性证明,只能是有限的、阶段性的正当性证明,因为制度或人类的先前行为本身就是需要正当性证明的"③。只有精神证明,只有诉诸对正义、自由等超验的恒定价值的坚定信仰,宪法及其秩序才能在终极意义上获得正当性认可,也才能树立无以质问的权威。

因此,对于宪法存在理由的追问,尽管我们可以在经验的层面上给予诸多阐释,如从政治层面来说,近代宪法的诞生一方面是资产阶级反抗封建贵族争取自身权益的革命成果的体现,另一方面也是出于现代"行政国"兴起,国家权力膨胀,控制国家权力的现实需要;从经济层面来说,通过对产权的有效界定与保护,构建作为第三方暴力实施机构的国家,以及提供鼓励知识增长与激励创新的制度构架,宪法的存在能够显著降低市场的交易费用,形成为善的

---

① [美]梯利. 西方哲学史. 葛力译. 北京:商务印书馆,1975,187。
② 刘连泰. 宪法的彼岸世界与此岸世界. 浙江社会科学,2004,(6):58-66。
③ 李琦. 宪法哲学:追问宪法的正当性. 厦门大学学报(哲学社会科学版),2005,(3):13-20。

"强化市场型政府"①，促进经济的持续繁荣与发展。但不管何种阐释，似乎我们只有诉诸于精神世界中的那些超验价值与信仰，才能在终极意义上完成对这一问题的最后追问，获得心灵的慰藉。那么，究竟是什么样的超验价值与精神信仰可以承受得住我们对于宪法的终极拷问，人类数千年的文明与历史指向一个答案——自然法，诚如著名法学家梅因所言："如果自然法没有成为古代世界中一种普遍的信念，这就很难说思想的历史，因而也就是人类的历史究竟会朝哪个方向发展了"②。

　　自然法肇始于古希腊，而且一开始就是以一种精神性的超验价值的面目出现的。自然法的思想最早孕育于古希腊的神话之中，在《荷马史诗》以及赫西奥德③的诗歌中，"诸神藉以自然的力量统治着人类"，而这种力量受一种超自然与人类的法则的支配，即"宇宙的秩序与正义"，"它普照世界万物，维护着宇宙的秩序，是自然和人类的共同的最高法律"④，这表明在古希腊的神话中人类始终受到一种超验法则的支配。后来随着神性的衰落以及自然哲学的兴起，古希腊一些自然主义者如赫拉克利特等提出宇宙间的一切事物都遵

① "强化市场型政府"（market–augmenting government）是美国经济学家曼瑟·奥尔森提出的概念，他认为"一个政府如果有足够的权力去创造和保护个人的财产权利并且能够强制执行各种契约，与此同时，它还受到约束而无法剥夺或侵犯私人权利，那么这个政府便是一个'强化市场型政府'"。参见［美］曼瑟·奥尔森．权力与繁荣．苏常和，嵇飞译．上海：世纪出版集团，上海人民出版社，2005，3。

② ［英］梅因．古代法．沈景一译．北京：商务印书馆，1996，43。

③ 赫西奥德（Hesiod）是古希腊的一位诗人，大约生活在公元前 8 世纪比荷马更早的年代，他的主要作品有长诗《工作与时日》、《神谱》、《女人目录》以及《赫拉克勒斯的盾》等，这些作品是研究古希腊神话、农业技术、天文学和记时的重要文献。

④ 汪太贤．从神谕到自然的启示：古希腊自然法的源起与生成．现代法学，2004，（6）：16–25。

循理性或自然之道，人类的法律只不过是这些"永恒的理智"（Logos）所"散发出来的东西"①，因此他们倡导过与自然相一致的和谐生活。赫拉克利特虽然明确区分了自然法与人定法，但他认为人定法派生于自然法是对自然法的摹写，一定是正义的，因此忽略了两者之间的背离与冲突，难免受到责难。首先提出责难的是古希腊悲剧作家们，在索福克勒斯的作品《安提戈涅》② 中，安提戈涅不顾国王克瑞翁的禁令，为在争夺王位的战斗中牺牲的哥哥波吕涅克斯下葬，当克瑞翁对安提戈涅处以活埋的刑罚时，她认为安葬自己的哥哥是符合伦理和自然正义的，相反克瑞翁的法令才是不正义的，因为它违反了神圣的自然法则，"我不认为你的命令是如此强大有力，以至于你，一个凡人，竟敢僭越诸神不成文的，且永恒不变的法，这种法不只存在于今天、昨天，而是永葆生命"③。索福克勒斯实际上是借安提戈涅之口指出了将所有人定法都当作自然正义的体

---

① ［英］厄奈斯特·巴克．希腊政治理论．卢华萍译．长春：吉林人民出版社，2003，72。

② 《安提戈涅》是古希腊悲剧中的经典。故事发生在底比斯，克瑞翁（Creon）在俄狄浦斯（Oedipus）垮台之后取得了王位，俄狄浦斯的一个儿子厄特克勒斯（Eteocles）为保护城邦而献身，而另一个儿子波吕涅克斯（Polyneices）却背叛城邦，勾结外邦进攻底比斯而战死。战后，克瑞翁给厄特克勒斯举行了盛大的葬礼，而将波吕涅克斯暴尸田野。克瑞翁下令，谁埋葬波吕涅克斯就处以死刑。波吕涅克斯的妹妹安提戈涅（Antigone）毅然以遵循"天条"为由埋葬了她哥哥，她被带到克瑞翁面前时，她认为埋葬其兄长是依据神法来履行职责，而且这种不成文法是永恒的，连克瑞翁的命令（城邦的法律）也不得违背它。克瑞翁大怒，坚持将她处死，并关在墓穴中。后来，克瑞翁遇到了一个占卜者，说他冒犯了诸神。克瑞翁后悔了，去救安提戈涅时，她已死去了。克瑞翁的儿子，也是安提戈涅的情人，站出来攻击克瑞翁而后自杀，克瑞翁的妻子听说儿子已死，也责备克瑞翁而后自杀。克瑞翁这才认识到是自己一手酿成了悲剧。参见：强世功．文学中的法律：安提戈涅、窦娥和鲍西娅——女权主义的法律视角及检讨．比较法研究，1996，（1）：29 - 43。

③ ［德］海因里希·罗门．自然法的观念史和哲学．姚中秋译．上海：三联书店出版社，2007，11 - 12。

现来接受是荒谬的，当人定法与自然法则发生冲突时，我们应当抛弃前者而服从"诸神制定"的"永恒不变"的自然法。相对于悲剧作家们的婉转或隐晦，智者学派则更进一步地指出了自然法与人定法的对立。他们认为自然秩序与人类秩序在结构上是不同的，自然法则型构了自然秩序，而人类秩序则服从世俗法则的统治。世俗法只是约定的产物，随意、流动、多变，存在缺陷，而自然法（事物的本性、自然的规律）绝对、永恒、不变，才是真正的目的，"假如世间还存在普遍有效的法律，那就是'自然赐予'的有效性，它对于所有的人不分民族和时间都有效"①，因此世俗法的正当性必须以自然法来进行评判。智者学派在人类历史上第一次提出了法律的合法性问题，使得自然法不仅仅作为人类法律的渊源，而且使其成为"人类法律的最高道德法则而确立"，自然法由此成为一个道德概念，凌驾于人定法之上。系统提出自然法理论的是后来的斯多噶学派，斯多噶学派将"自然"置于其思想体系的中心，认为"自然"不仅是宇宙普遍规律的体现，也是一种和谐的道德秩序。人的理性也是自然的一部分，因此尊崇理性也就是顺应自然。自然法意谓"抽象的逻辑力量、普遍的规律、高级秩序或超验标准的存在"②，它是人类通往幸福的坦途，通过人的理性可以获致自然法这一世界的普遍规律。所以自然法又是理性法，构成人定法的渊源和基础。同时斯多噶派认为每个人在本质上都是理性的，对自然法具有同一的体认，共同受自然法的支配，因而在自然法面前人人都是平等的。值得一提的是，斯多噶派的平等思想具有一种世界性的立场，罗马皇帝马

---

① ［德］文德尔班. 哲学史教程（上卷）. 罗达仁译. 北京：商务印书馆，1987，105。
② 朱海波，柯卫. 论西方现代宪政主义的哲学基础——自然法. 山东社会科学，2008，（8）：37－41。

可·奥勒留曾说过："如果人的智能相同，那么理性也会相同，所以告诉我们什么是可为和什么是不可为的那部分理性也是相同的。既然如此，法律也就是相同的，我们就是公民伙伴，整个世界就是一个国家或城市"①，"就我来说，我的城市与世界是罗马；但就我是一个人来说，我的国家就是这个世界"②。斯多噶派的人人平等思想极大地拓展了自然法的范围，不仅为后世的启蒙思想家进一步发展自然法思想提供了丰富的源泉，而且为后世人文主义的兴起奠定了坚实的基础。

古罗马政治家西塞罗继承了斯多噶派的自然法学说，并进一步论证了自然法的涵义，他指出真正的法律是与自然相一致的正确理性，它普遍适用并且永恒不变。"元老院和人民都不能使我们免除遵守这一法律的义务……无论在罗马，还是在雅典，在今天或是在未来，它不会有什么不同。这是一种永久不变的法律，在任何时候对任何民族都是有效的……不服从这一法律的人是逃避自己，否认他自己的本性。他将因此而受到最严厉的惩罚，即使他逃避了通常惩罚的话"③。西塞罗不仅在理论上主张自然法是检验人定法效力的高级法，更重要的是，西塞罗在自己的政治生涯中曾多次援引自然法斥责元老院颁布的法令"违法"，"它（指不合理的法令）是什么？它并不是法！……如果人民命令我应当是你的奴隶，或你应当是我的奴隶，那么，颁布、制定并确立这样的命令应当是有效的吗？"④。

---

① Derek Heater. Citizenship: The Civic Ideal in World History, Polities and Education, Manchester: Manchester University Press, 2004, 12。

② ［古罗马］马可·奥勒留. 沉思录. 何怀宏译. 北京：中国社会科学出版社，1989，51。

③ 丛日云. 西方政治文化传统. 吉林：吉林出版集团有限责任公司，2007，202。

④ ［美］爱德华·S·考文. 美国宪法的"高级法"背景. 强世功译. 北京：生活·读书·新知三联出版社，1996，7。

可以说，是西塞罗使得虚无缥缈的自然法在历史上第一次从"天上"真正落到了"地上"。

中世纪是神学统领一切的时代，其他学科都成为神学的婢女，但圣·托马斯·阿奎那等经院哲学家仍然试图将自然法协调进"上帝"的法律体系之中。阿奎那依照法律效力的高低将法分为永恒法、自然法、神法和人法。永恒法体现的是上帝的意志和理性，是上帝统治整个宇宙的法律，人类无法感知永恒法的内容。自然法是上帝统治人类的法律，人类通过理性认识自然法，分享上帝的智慧，参与永恒法。人法是世俗统治者对自然法的具体化，使得抽象的自然法变得更确定。神法是对自然法和人法的补充，通过《圣经》启示出来。在阿奎那的法律体系中自然法具有重要地位，因为永恒法无法为人所感知，只能通过自然法参与，他认为自然法是沟通永恒法与人法的"心灵渠道"，"是上帝赖以启迪人类理性的法律，也是人们得以辨别善恶的理性之光"①。由于人法是对自然法的具体化，所以自然法也就具有评判人法善恶的标准意义，因此阿奎那主张"恶法非法"，"任何法律具有法性质的程度，恰如其来自自然法的程度。在任何一个方面偏离自然法的法律它就不再是法了，而是对法的歪曲"②。

经过中世纪经院哲学家们的发展，自然法理论终于在近代"瓜熟蒂落"，结出丰硕的成果。文艺复兴重新认识了人的价值，使人的自然本性、尊严得到了尊重，但丁曾讴歌"人的高贵，就其许许多

① ［意］托马斯·阿奎那. 阿奎那政治著作选. 马槐清译. 北京：商务印书馆，1963，107。
② Thomas Aquinas. Summa Theologiae：Volume 1, Cambridge：Cambridge University Press, 2006，53。

多的成果而言，超过了天使的高贵"①。人文主义思潮对自然法思想产生了重大影响，在此之前无论是古希腊、古罗马还是中世纪，作为自然法核心的"理性"，一直是属于"自然"或"神"和"上帝"的，人的"理性"源于与"自然"或"神"和"上帝"的相通。经过文艺复兴的洗礼，以格老秀斯为代表的近代自然法学家认为自然法之"自然"已经是纯粹以人为中心的"自然"了，人之理性不再需要"借光"于虚幻的"自然"或"神"和"上帝"，而是完全基于人之自然本性。自然法不再与"自然规律"或"神的意志"关涉，而是源自于"人性"。正如格老秀斯所指出："自然法是固定不变的，甚至神本身也不能改变"，"上帝自己不能使 2 加 2 不为 4；所以也不能把理性上认为恶的变为善的"②。可以说，自格老秀斯始，自然法从"自然规律"或"神的意志"中摆脱出来，终于实现了人的理性自足。世俗化的理性与自然法使得自然法更易为人所及，也为自然权利的提出提供了空间。因为既然自然法是基于人之本性，而本性为人所共有，那么人之作为人必定有一些共同的基本权利或权益，这就是自然权利。由此，通过霍布斯、洛克、卢梭等近代古典自然法学家们的精致构建，一幅国家、宪法诞生的全景图展现出来。在国家与政府成立之前，人类社会处于自然状态，自然状态是受自然法所支配的有序结构，人人都享有自然法所赋予的自然权利：生命权、自由权、财产权，以及对这些权利进行救济与保障的惩罚权和保卫权。当然，在不同的近代自然法学家那里自然状态是不同的。霍布斯认为自然状态下人们争名夺利、相互猜疑斗争，整个社会处于一种类似于狼与狼之间的战争状态。而洛克则认为自然状态

---

① 北京大学西语系资料组. 从文艺复兴到十九世纪资产阶级文学家艺术家有关人道主义人性言论选辑. 北京：商务印书馆，1971，3。

② 应克复. 西方民主史. 北京：中国社会科学出版社，1997，126。

下人人自由、平等，在本质上是和平、安全的。① 不过，虽然在表面上洛克认为自然状态完备无缺，但实际上洛克所说"自由"是一种"可能使人感到孤单、不安全、不确定，并因此而导致焦虑的自由"②，所以他说自然状态是"一种尽管自由却是充满了恐惧和经常性危险的状况"③。因此，在自然法学家看来，自然状态有诸多不尽人意之处，诚如洛克所认为的那样：在自然状态下由于缺少一种确定的法律，没有一个公正的裁决者以及缺少权力来执行正确的判决，因此人们的自然权利受到侵害后往往无法获得有效的救济。而霍布斯则认为自然状态是一个处处有"陷阱"、处处有战争的社会。为了克服自然状态的这些缺陷，保障每个人的生命自由、以及财产等自然权利的安全，人们以契约的方式结成社会，让渡出一部分自然权利④，组成政府，建立国家，形成统一意志。这样国家权力就由个体的自然权利让渡而来，也仅仅限于保护这些自然权利，一旦政府不能实现此种目的，人们就马上恢复了被让渡的全部自然权利，重新建立符合此种目的的新政府。可以说，近代的古典自然法学家通

---

① 石柏林，刘焕桂．权力文化观与现代法治．徐州师范大学学报（哲学社会科学版），2007，（1）：110 – 116。
② 苏力．从契约理论到社会契约理论——种国家学说的知识考古学．中国社会科学，1996，（3）：79 – 103。
③ ［英］洛克．政府论（下篇）．叶启芳等译．北京：商务印书馆，2005，77。
④ 自然权利主要包括生命权、财产权、自由权等，以及对这些权利进行救济与保障的惩罚权和保卫权，那么让渡给国家和政府的自然权利主要是哪一部分，不同的自然法学家有不同的观点。霍布斯认为社会契约只是人们相互间的契约，而不是主权者和人民之间的契约，主权者只是契约的证人和监督者，因此人民让渡出的只是一部分自由和财产权利，以组成国家来监督契约的执行。卢梭与洛克则认为政府也是社会契约的一方，但洛克认为人民通过缔结社会契约并非献出了自己全部的自然权利，人民献出的只是"惩罚权"和"保卫权"，而非生命、自由和财产权；卢梭则恰恰相反，他认为人民缔结契约时献出了自己的全部权利和自由，包括生命、自由和财产权，只有这样才能保障主权的绝对与至高无上。

过对自然状态、自然权利、社会契约、主权在民等一系列理论的逻辑论述，完整周延地构建了自然法的理论大厦，特别是对社会契约来源、性质、地位的论述使得近代宪法的诞生呼之欲出，从而为近代立宪主义的实践奠定了坚实的理论基础。

对自然法的知识考古学考察表明，要在终极意义的上回答宪法存在的理由，有且只能诉诸于自然法这一人类文明特定的价值预设与信仰追求。而自然法本身所具有的特质也能够使其承受得起这一追问，因为自然法是在逻辑的意义而非历史的意义上来探寻社会何以存在，国家何以生成，借用卡西尔的话，自然法"寻求的不是国家的开端，而是国家的'原理'即它的'存在理由'（rasion d'etre）"①。自然法源于对现实世界的哲学反思，所以自其诞生伊始，便以超验价值的面目出现。古希腊的哲学家们在对世界与宇宙源起与本质的冥思中，"发现"了自然法这一构建世界的内在法则，因此将其作为最高的道德准则而确立，成为人类秩序特别是人定法律价值判断的参照标准。② 中世纪时，自然法虽被纳入神学体系之中，但自然法被认为是沟通永恒法与人法的"心灵渠道"，从而成为人们"得以辨别善恶的理性之光"。近代以来，自然法以人之理性、自然权利为基础，成为审定法律与国家之合法性的有力武器。

从自然法的发展历程中我们可以看出，自然法一直是以判断人定法正当与否的价值标准的面目出现，自然法虽然称之为"法"，但实质是一个道德标准或原则，通过内心与理性的力量来约束和指导世俗法的制定与实施。然而，如果自然法仅仅只是停留在抽象的道

---

① ［德］恩斯特·卡西尔. 国家的神话. 范进，杨君游，柯锦华译. 北京：华夏出版社，1999，205。

② L. Strauss. Natural Right and History. Chicago：University of Chicago Press，1953，215

德原则层面，它所具有的推动人类文明进程的力量无疑会大大削弱，自然法的抽象模糊、面目难辨使得其比各种宗教教义更欠缺实施现实约束所需的确定性。所以，不管我们对于近代宪法的诞生赋予多少政治的、经济的、社会的乃至阶级的解释，从功能的意义上我们必须承认：作为一种世俗法的价值判断标准的自然法必须要通过确定的、具有最高法律效力的、成为其他法律渊源的宪法这种形式来实现自身对于人类生活的现实约束，从而摆脱其仅仅沦为道德宣泄工具的尴尬境地。因此，宪法的诞生在很大程度上与自然法理论在近代的发展与完善不无关联，宪法可以说是自然法理论发展到成熟阶段的必然产物。由此，我们不难看出在自然法与宪法之间存在一种紧密的功能关联，自然法为人定法树立道德标准，宪法则对普通法律进行价值评判。自然法在彼岸世界中的抽象理想，通过此岸世界中的现实宪法得以实现。

当然，在一些不成文宪法国家，如英国，宪法性法律文件并不具有最高的法律效力，也不成为一般法律的立法渊源，其作用更多的是规范王权与政府权力的关系①以及明确国家机构的组织原则，"议会至上"的理念使得英国人认为法律（包括宪法性法律）的正当性来源于议会的同意而非合乎宪法的价值。但是英国本身是一个经验主义传统主导下的判例法国家，制定法的适用范围极其有限，判例法不管是在国家政治生活还是社会生活中发挥了更为重要的作用，一些自然法的原则与精神往往通过判例法的形式予以确立，并

---

① 英国的不成文宪法主要诞生于君主立宪的历史进程中，宪法是国王与封建贵族、国王与资产阶级以及封建贵族与资产阶级之间因划分国家政治权力以及维护自身利益而达成的契约，英国的议会依据国王、贵族、平民三种代表的性质分为上议院（贵族院）与下议院（平民院），这正是宪法性法律文件契约性的体现，因此以英国为代表的不成文宪法国家宪法性法律文件的一项核心内容就是规范王权与政府权力之间的关系。

通过判例的实际约束力从而树立起评判司法活动的道德标准与价值标准，如自然正义原则①在英国的确立就是一个很好的例证。换句话说，作为一种道德价值标准的自然法在英国通过普通法以及衡平法等判例法的形式直接约束司法活动，而非立法活动，从而绕开了在成文宪法国家通过宪法典来实现自然法这一功能的形式。

就自然法的特质而言，它是理性建构的产物而非经验归纳的产物，但是这里的理性是特定时代的理性，当时代变化了，那么理性也应随之改变。正如马克思所认为的万事万物都具有时代特征，如在封建王权时代，哪个国家没有国王那是不可想象的事情，但现在事实确实是反过来的。因此，判例法也是有自然法的，虽说自然法非经验归纳的产物，但人的理性却始终蕴含于人的经验归纳之中，理性不可能脱离同时期人们所认同的生产生活经验而独立存在。因此，从某种程度上说自然法的实现必须受制于同时代的人们所认同的经验归纳之下的"理性"。因而，无论是自然的理性、神的理性抑或是人的理性，自然法理论的发展始终以"理性"为核心，而近代宪法的诞生恰恰是17、18世纪席卷欧洲大陆的理性主义狂潮以及由此而生的法典化运动的必然产物，这两者在本质上是天然相通的。在法律理性主义者看来，"只要以理性为基础就能够制定明确清晰、

---

① 作为英国普通法中的一个重要原则，自然正义原则最初的适用范围仅限于司法领域，是司法权运行的基本程序要求。从自然正义原则的基本内容来看，自然正义原则与司法权的运行有着密切的联系，是实现司法公正的根本保障。自然正义原则包括两个基本内容："（a）任何人都不得在与自己有关的案件中担任法官（nemo judex in parte sua）；（b）应听取双方之词，任何一方之词未被听取不得对其裁判（audi alteram partem）。随着现代社会的发展和人权观念的增强，自然正义原则调整的领域与范围开始不断扩大，其地位与作用也得到进一步巩固与加强。自然正义原则在当代呈现出行政化、宪法化和国际化三大发展趋势。参见孙祥生：论自然正义原则在当代的发展趋势，《西南政法大学学报》，2006年第2期。

逻辑严密和完整系统的法典体系"①，而处于整个法典体系根基并成为其他法典渊源与效力来源的便是宪法典，为了维护整个法典体系的权威，所有的法律都被放到宪法的视野与价值标准下进行审视。自然法通过"理性"这一内核与宪法在逻辑上关联起来，最终实现了自身超验评判功能在世俗世界的延伸，从而为违宪审查制度的兴起与繁荣奠定了哲学基础。

自然法之于宪法的终极意义，不仅在于从形式上为宪法具有最高效力提供了基础，更重要的是在内容上自然法本身就成为宪法的渊源，自然法理论的相当一部分内容通过立宪直接转化为宪法规则。因此，我们可以看到在近代西方国家的立宪进程中，自然法的话语痕迹几乎无处不在。如奠定美国宪法理念与原则的1776年《独立宣言》规定："人人生而平等……生命权、自由权和追求幸福的权利"等自然权利为"不言而喻的"真理，这些自然权利而后通过美国宪法修正案第一至十条修正案所组成的《权利法案》得以构建成美国宪法中完备的基本权利体系。作为法国1791年宪法序言的1789年《人权宣言》更是宣称"自由、财产、安全和反抗压迫"是"人的自然的和不可动摇的权利"，是"简明的、不可争辩的原则"②。时至今日，构成自然法理论主要内容的自然权利、人民主权、分权制衡等已成为世界各民主国家宪法共同的价值追求，虽然不同国家宪政架构、政治传统有所不同，但基于自然法而阐发出来的上述基本理念在各国宪法文本中却并无二致。当然，自然法的普世化以及对各国宪法的渗透与西方文明在近现代的文化扩张紧密关联，但这一

---

① 封丽霞. 法典法、判例法抑或"混合法"：一个认识论的立场. 环球法律评论，2003，（3）：322－328。

② 申建林. 自然法理论的演进——西方主流人权观探源. 北京：社会科学文献出版社，2005，125。

现象并不能完全用优势文明的文化霸权性解释，毋庸置疑在对国家、宪法的起源及其合法性的问题上，自然法理论是迄今为止"最为合乎人性、最能引发人类情感共鸣的解答，这份解答本身所体现的，就是人类通过认知理性把握自身命运的努力"。总之，自然法理论向宪法规则的转换不仅意味着人类主观的客观化，理想的现实化，抽象的具体化，更重要的是通过自然法的理念与精神为宪法的存在提供了一种正当性基础，可以说，宪法的力量、精神与气质皆因此而生。

美国宪法学家考文教授在《美国宪法的"高级法"背景》一文中指出，美国宪法的至上权威不仅是因为它为美国社会的各种冲突与争端提供了一个富有弹性且相对公正的根基式的解决平台，从而为美国带来了长久的稳定与繁荣，更因为美国宪法自立宪伊始便根植于具有数千年思想积淀的深厚的自然法传统之中。考文教授将这种支配美国宪法的自然法传统称之为"高级法"，宪法只是高级法的一种映射，是对自然法的发现，美国的幸运在于通过宪法确立的政体是发现高级法的最佳机制。因此，对宪法的至上性与终极意义的追寻，并不能完全由民主理论来加以说明，正如考文教授所指出，宪法至上性由人民意志所赋予只是美国新近宪法理论的产物，在此之前，人们认为宪法的至上性并非来自于主权在民这一推定的渊源，而是由宪法本身所体现的那些实质性的、亘古不变的正义所赋予。宪法中的正义和权利原则，因自身"内在的优越性"而值得普遍遵循，与那些所谓的人民意志并无太大关涉。"这些原则并不是由人制定的；实际上，如果它们不是先于神而存在的话，那么它们仍然表达了神的本性并以此来约束和控制神。它们存在于所有意志之外，但于理性本身却互相浸透融通。它们是永恒不变的"。① 所以，如果我们承认人类现代化进程中工具理性的极度异化以及价值理性的行将崩塌，承认在这个如哈贝马斯所称"合法性危机"广泛存在的世界里人类自身对解决宪法终极性问题自信的匮乏，承认"信仰先于理解"的话，那么我们对超验自然法的追逐也许并非就是反科学与不可理喻的，相反，只有坚持对作为宪法"高级法"背景的自然法的信仰，宪法才可能获得永恒的终极性的根基，也才能使宪法在现实世界中获得超然的品格与强大的功效。

2.1.2　自然法与宪政的正义之维

自然法的力量来源于信仰的力量，而这种信仰之所以强劲有力、坚定不移，在于对正义的追求与实现。因此一部自然法的发展史其实也就是一部人类正义的生长史，从自然正义、神性正义、政治正义，再到社会正义，自然法的发展与人类正义的认知几乎一脉相通。

在古希腊，自然法源于先验的自然理性，自然理性是一种支配宇宙的普遍力量，因此人们认为，遵从自然法则，按照自然理性的指导行为和生活，追求与自然的同一，才是正义的，也才能够达致幸福生活的彼岸。② 在古希腊人的眼里，"正义是一种以调整自然力对宇宙组成部分的作用，保证平衡和协调的先验宇宙原则"。③ 因此，正义成为自然法的内在品质，合乎自然法的才是合乎正义的，诚如亚里士多德所言："相对于城邦政体的好坏，法律也有好坏，或

---

① Simpson, A History of The Common Law, Oxford: Clarendon Press, 1987, 203

② Robert Alexy, The theory of Constitutional Right. Oxford: Oxford University Press, 2002, 21

③ 吕世伦，张学超. 西方自然法的几个基本问题. 法学研究, 2004, (1): 150 – 160。

者是合乎正义或者是不合乎正义"①，柏拉图在阐述其正义思想的《理想国》中也指出，"在公共和私人生活中——在我们的国家和城邦的安排中——我们应该服从那引起具有永久性质的东西，它就是理性的命令，我们称之为法律……人一旦离开了法律和正义，他就是最恶劣的动物"②。古罗马的西塞罗认为，正义是与自然相符合的普遍理性，永恒不变，因此只有顺从于自然理性的法才是正义的法，"真正的法律不是人的才能想出来的，也不是什么人民的决议，而是某种凭借允许之智慧管理整个世界的永恒之物"③。

中世纪的神学自然法学家则将目光聚焦于神性正义，自然法是"正义的流露"，而正义则只不过是上帝意志的表现。奥古斯丁认为，自然法是"上帝的理性中支配人类的那一部分理性"，是"上帝的正义的体现"。人之原罪，只有通过对上帝的虔诚信仰与赎罪才能得以洗涤，因此，遵从神意，按照上帝意旨的体现——自然法的训导进行生活，才是正义的生活，也才能在末世审判中得到拯救。

文艺复兴以及启蒙运动所带来的人性的觉醒以及人的理性自觉，则使得古典自然法学家将目光更多的投向了政治正义。他们认为自然法源于人之自然本性，通过人的理性自觉得以知晓自然法的具体内容，而其中自然权利是至关重要的，自然权利的实现需要通过一系列正义的政治制度来保障，如主权在民、分权制衡等等，以防止契约共同体对个体自然权利的无端侵害。因此，自然权利的享有虽立基于个体的体认，通过个人自由得以实现，但其却依赖于一整套

---

① ［古希腊］亚里士多德．政治学．吴寿彭译．北京：商务印书馆，1965，148。

② ［古希腊］柏拉图．理想国．郭斌和，张竹明译．北京：商务印书馆，1986，61。

③ ［古罗马］西塞罗．论共和国论法律．王焕生译．北京：中国政法大学出版社，1997，83。

完备的政治正义制度的保障。依照自然法享有天赋的自然权利，实现个体的价值与尊严，固然是正义的生活方式，但通过政治正义的制度保障则是自然法、自然权利从抽象的理性自觉到具体的现实享有的不二法门。所以，自然法之正义不仅是通过自然权利达致的人本正义，更是通过宪政制度达致的政治正义。

随着自由资本主义的危机频现与社会运动的兴起，新自然法学派将自然法的基础奠定在社会正义上。施塔姆勒认为，"自然法的内容不是永恒不变的．它不是具体的法律制度而是社会理想，是衡量实在法是否正义的一种广泛标准"①。罗尔斯则声称，"正义是社会制度的首要价值，正像真理是思想体系的首要价值一样。一种理论，无论它多么精致和简洁，只要它不真实，就必须加以拒绝或修正；同样，某些法律制度，不管它们如何有效率和有条理，只要它不正义，就必须加以改造或者废除"[10]，为此，罗尔斯提出了"作为公平的正义"的理论，以协调自由与平等之间的现实冲突，并提出社会制度的选择应当遵循"正义二原则"②，一切社会制度都应放到这一原则的审视之下予以评判，看其是否符合社会正义。

由此可见，追赶正义的步伐在自然法理论的发展进程中从未停

---

① 周芳勤，王珉．自然法学说中"正义"观念的历史变迁．广西政法管理干部学院学报，2003，（4）：40－42。

② "正义二原则"包括两个子原则，即"第一个原则：每个人对与其他人所拥有的最广泛的基本自由体系相容的类似自由体系都应有一种平等的权利。第二个原则：社会的和经济的不平等应这样安排，使它们被合理地期望适合于每一个人的利益；并且依系于地位和职务向所有人开放。"其中第一项原则主要是针对政治生活领域的原则，而第二项原则主要是针对经济生活领域的原则。"这两个原则是按照先后次序安排的，第一个原则优先于第二个原则。这一次序意味着：对第一个原则所要求的平等自由制度的违反不可能因较大的社会经济利益而得到辩护或补偿。财富和收入的分配及权力的等级制，必须同时符合平等公民的自由和机会的自由"。参见［美］约翰·罗尔斯．正义论．何怀宏，何包钢，廖申白译．北京：中国社会科学出版社，1988，56－57。

息过，始终构成其灵魂与主线。在某种程度上，自然法与正义是一对互通的词汇，遵从自然法训导的社会行为、生活方式、国家政体被认为是正义的直接体现，自然法的价值就在于型构了正义的社会生活，满足了人类的价值追求。所以尽管自然法与正义在内涵、外延等概念属性上不完全相同，但精神气质的相通使得自然法常常同义于正义。从现实的层面看，对不满世俗政治制度或寻求当下法律秩序变革的人来说，自然法是有力的对抗手段及武器。如梅因所说："时代越黑暗，则诉诸'自然法律和状态'便越加频繁。"① 二战后，世界法学从分析实证法学、纯粹法学向新自然法学的转向，无不是因为德国纳粹以形式法治的理由为其邪恶行为辩护，使得人们不得不诉诸自然法的理念以对抗纳粹的罪行，维护现实正义。

综上所述，正义始终是自然法所追求的终极目标，是自然法存在的伦理基础，自然法可以视之为人类为达致幸福生活所必须的"正义体系"。如果宪法是依照自然法则而形成的，便天然地与正义具有紧密联系，宪法在伦理道德上的正当性必须放到正义的标尺之下进行价值判断与理性考量。正义成为宪法本身合法性的来源与基础。当然，作为正义载体的宪法本身只是静态的文本规范，其应然功效的发挥离不开文本规范的运行，这样的宪法展开过程，便是宪政的实现过程。按照郭道晖先生的观点，"宪政是创造宪法（立宪）、实施宪法（行宪）和维护宪法（护宪）、发展宪法（修宪）的政治行为的运作过程"，因此，"宪法是民主的纲领，权利的宣言，但它是静态的；宪治（宪政）则是民主政治的实施和权利的实现，是宪法的实际操作与运行，是动态的"。② 显然，宪政还包含行动的

---

① ［英］梅因．古代法．沈景一译．北京：商务印书馆，1996，51。
② 郭道晖：《法的时代精神》，湖南人民出版社1997年版，第377页。

过程，而不仅仅是纸面上的宪法，所以宪政实质是静态的正义在现实世界的映照与实现。宪法文本中的静态正义更多可能是一种"画饼充饥"式的权利，只有宪政的运作才能让美好图景中的"想象饼"演变成现实世界中的"实体饼"，即从静态的理想正义到动态的现实正义。简言之，自然法构成宪政的正义之维：依照自然法则而生成的宪法天然地与正义联系在一起，具有伦理道德上的价值判断性；符合自然法的宪法的运作展开及其目标的实现即构成宪政，因此宪政实现的过程也即自然正义的生产过程。正义不仅成为宪政所要实现的理想目标，更成为宪政本身存在的内在价值与以及其进行自我批判的外在标准。

2.2　经济立宪正义与经济宪政

　　自然法所形成的宪政正义总是表现为抽象的、感觉上的正义，而感觉模糊性使得这种正义成为弹性正义，并常常成为对抗"感觉不正义"的现实的有力武器。不过，不同于一般所采取感觉判断的方式，经济学家对法律规则的正当性判断总运用经济分析方式；特别是当运用到涉及国家参与的经济领域的法律规则时（特别是宪政元规则），它特别提出这些规则形成过程中所要遵循的一致同意的原则，明显地表现出对有国家参与的立宪的程序性约束，强调经济立宪的正义；其中比较富于成效表现的是：布坎南采用"同意的计算"对宪政元规则模型及形成过程的分析。

2.2.1　经济立宪阶段与元规则的形成
　　著名经济学家盛洪在为布坎南的《宪政经济学》写的中文版序

中指出："在我的印象中，有两个经济学家对宪政感兴趣。一个是哈耶克，再有一个就是布坎南。"其中作为经济学家的布坎南之所以如此在乎宪政问题，主要原因在于他敏锐的发现经济现象是在特定政治制度下运行的，而这个特定制度的选择，却直接影响和改变着与之相匹配的经济运行质量。而且，布坎南认为这个特定政治制度呈现出立体结构的状态，其顶端便是宪法。一言以蔽之，制度的核心与灵魂在于宪政，宪政是创造制度的"制度"，生成规则的"规则"。因此，"坏"的宪政对社会的危害程度远非普通制度问题所能比及。由于对宪政经济学的研究涉及经济结构的基础性效率，可以说它更有效率，是经济学研究的更高层次。而恰恰在经济运行质量与制度选择上，"经济宪政"理论与"宪政经济"理论又有着高度的契合，但也存在一些区别。具体说来，在经济宪政的分析体系中，社会经济行动应当纳入宪政架构。社会经济制度的安排，特别是国家经济活动必须要遵从宪政的约束，不能任其自由行动。何种经济行动规则契合宪政的正义要求是经济宪政所要回应的主要命题，而此种回应使得其与其他几个涉及宪政与经济关系的命题相比具有了不同的理论意义：宪政经济学所要探寻的是规则何以重要、规则何以选择、宪法何以成为"规则之规则"；经济宪法学致力于确立宪法经济规则对于经济活动的重要性；宪政的经济分析其意义则在于揭示宪政历程背后的经济动因、力量及其本质。① 因此，二者在把经济问题拿到宪政制度面前时都要回答同一个问题：即宪政与经济之间如何互动，具体而言宪政规则是如何影响经济运行规则的制定，即经济法领域的宪政特质的形成与展开。而要回答这一问题，布坎

---

① 参见单飞跃，唐翔宇：经济宪政：宪政与经济关系新解读，《求索》，2006年第6期。

南的"宪政经济"理论走在了前面。布坎南在《宪政经济学》中借用和发展了罗尔斯的正义论及相关原则，从经济学的视角详实的分析与论证了经济成本与宪法规则（元规则）的彼此互动关系。

布坎南的"宪政经济学"（Constitutional Economics）在国内也译为"宪法经济学"、"立宪经济学"，这一称谓最早在公共选择学派的布坎南和塔洛克于1962年合著的《同意的计算——立宪民主的逻辑基础》中提出，而后经由其与布伦南合著的《宪政经济学》一书而得以广泛传播。目前国内通说认为，宪政经济学是以宪法及宪政的经济后果为研究对象的经济学。在《宪政经济学研究范围》一文中，布坎南将宪政经济学定义为深入研究规则及其运行性质的一门学问，具体包括规范个体间相互作用的制度，以及此种制度如何被人们所选择的过程。① 因此，宪政经济学是一门综合运用新制度经济学的制度建构主义以及公共选择理论的理性选择主义等方法论工具，解释公共机构及其工作人员的行为模式及动因，从而在宪政层面提出对政府悖论、公共财政预算等问题的元规则解决之道的经济学分支学科。简而言之，宪政经济学是一门研究不同规则间选择与同一规则下选择的经济学。

布坎南认为，行政权力的扩张使得政府对个人幸福生活的威胁越来越大，除非对政府施以严格的宪政约束，否则来自民意授权的政府也极有可能演变成怪兽利维坦。② 因此，科学地设计约束国家的宪法规则体系便是宪政经济学所面临的急迫问题，而"元规则模

---

① James M. Buchanan. The Domine of constitutional Economics［J］. Constitutional Political Economy，1990，（1）.
② ［美］布坎南：《自由的局限》（英文版），芝加哥大学出版社，1975年版，第162页。转引自钱弘道：从经济角度思考宪政，《环球法律评论》，2004年第3期。

型"无疑提供了解决"国家悖论"①、驯服"民主国家利维坦"这一
难题的制度之道。正如布坎南所指出,一个不公正的游戏其问题往
往可以归因于不合理的游戏规则,而如何在不同效率的规则间进行
选择并未为学界所充分重视,经济学家们无一例外几乎只是将注意
力局限在如何在既定规则的约束下进行选择,而没有考虑过规则本
身也是可以选择的对象。[1]宪政经济学的视野与传统主流经济学迥然
不同,它聚焦在了公共决策的两个阶段上,即选择制定何种规则的
立宪阶段,与在既定规则约束下如何选择的立宪后阶段,前者选择
规则,后者在规则内选择。但这里的"宪政"并不仅仅局限于法学
或政治学上所指的涵义,而是泛指一系列合意达成的规则,所有的
行动都约束于此种规则范围内。[9]有鉴于此,布坎南跳出大多数经济
学家在现有宪法规则下讨论经济立法的狭窄视野,试图跳出成文的
宪法条文,在更高的层面上对宪法生成和宪政运行阶段进行经济学
研究,进而描绘出宪法规则即"元规则"的宏伟蓝图。因此,"宪
政"作为制度的重中之重,作为规则的规则和"元规则"显得尤为
重要。所以,布坎南认为未来改革的重心应集中在选择约束或生成
政策的规则上,而不能简单地认为通过对个体行为强加外在压力就
能达致社会所期待的满意结果。"元规则"不仅能强制坏人做好事,
从而确立起将个体谋取私益的自利行为导向维护社会公益的共同体
秩序,更重要的是它明确了政府的活动边界与权力限度,约束了政
府的公共决定与权力程序,防范了政府的肆意妄为与滥权专制。至
此布坎南的元规则模型已被成功构建。

既然元规则、元制度如此重要,那么如何才能发现元规则,即

---

① "国家悖论"即国家的存在是经济增长的关键,然而国家又是人为经济衰退的
根源。

元规则模型是如何形成的。对此，布坎南给出的答案是"一致同意原则"。集体决策中的一致同意原则类似于市场体系中个人决策的帕累托最优准则。即在没有使任何人境况变坏的前提下，至少使一个人的处境变得更好。换句话说，即不能采取在改善某些人境况的同时，而损害另外一些人利益的资源配置方案。在布坎南和塔洛克看来，逻辑上的制宪者充满恐惧而不是充满希望，他们怀疑政府并认为政府是最大的威胁。制宪者关心自身利益的安全胜过于政府怎样提供更好的公共服务，基于对自由被侵犯的恐惧，他们会坚持"元制度"、"元规则"的效力取决于所有公民的"一致同意"，"否决"是每个公民的固有权利，只有如此，政府才不会无所顾忌。另外一些学者则反驳，"一致同意"的高昂成本决定了它只能是一种虚幻的政治设想，虽然很好但社会却无力负担它的实现，还不如退而求其次，采取较易达致的"多数原则"。布坎南对此提出了严厉批评，认为这是现代政府所有问题的根源与症结之所在。元规则是所有社会制度的基础，如果不能形成一个被社会成员自愿接受的元规则的话，试问在缺乏最广大利益基础的宪政规则体系下，公民个体又何以和具有强权暴力的政府对抗？因此，在元规则的制定方式上布坎南的立场是坚定的。他认为，元规则的决策成本无论多高，社会成员的"一致同意"都是应该要达到的。那么，是否存在使所有人都一致同意的决策规则？布坎南追随罗尔斯的"契约主义"，通过对罗尔斯"无知之幕"理论的改良，指出固然在现实世界中，人们通常并不是完全不知道自己的特定立宪利益，但他们也不是对自己的利益一清二楚。在立宪这样的问题上，人们通常会发现自己处于不确定性之幕的背后，无法精确预测可选择规则未来的运行会以哪些特定方式

影响他们的假设，即处于"不确定之幕"（Veil of uncertainty）中①，
而在这一状态下达成"一致同意"是完全可能的。因为在元规则的
选择阶段，无论是布坎南的"不确定之幕"还是罗尔斯的"无知之
幕"都"笼罩"了每个个体，对于自己在可能达成的元规则体系中
所获取的权利和利益，他们并不完全知晓。在对未来无法形成准确
预期的情况下，尽管每个人在立宪过程中的诉求并不相同，但基于
对最大化自身利益的考虑，他们无疑愿意搁置分歧、达成共识，以
选择一套尽可能公平的"博弈规则"。②

布坎南认为，政治家同市场主体并无二致，也具有追求自身利
益最大化的自然倾向，但与市场活动中的合法竞争不同，政治活动

① "不确定之幕"是布坎南等人在批判罗尔斯的"无知之幕"（veil of ignorance）
的基础上而提出的一种新的宪政假设。美国哲学家罗尔斯利用"无知"这个概
念来解决这一问题。他假设了一种理想的状态，在这种状态下人们被置于"无
知之幕"（veil of ignorance）之下，人们无法获知不同的规则对于他们个体的利
益有什么影响，使人们可以不偏不倚（impartially）地对各种规则进行判断并作
出选择。参见［美］约翰·罗尔斯：《正义论》，何怀宏等译，中国社会科学出
版社 1988 年版，第 136 页。契约主义新宪政论则引入"不确定性"概念来解决
这个问题，即认为当人们面临多个宪政规则选项时，宪政规则的"公共性"特
征和"延展的时间维度"特征会导致宪政规则对人们利益影响的不确定性。正
是在这两个因素的影响下，宪政规则对特定个体利益的影响显得十分不确定，
而这种不确定性"起着有益的作用，它增加而不是减少了达成协议的可能性"。
因为在这种不确定性之下，个体受到自利理性的引导，会选择那些能够消除潜
在的灾难性后果的选项，会倾向于"一致同意"那些"公平"的契约条款，而
这里的"公平"是指"在该协议的约束之下形成的交易结果格局将会得到普遍
接受，无论参与者本人在该结构格局中的处境如何"。［澳］布伦南，［美］布
坎南：《宪政经济学》，冯克利等译，中国社会科学出版社，2004 年版，第 34
页。于是，契约主义新宪政论提出了"不确定之幕"（veil of uncertainty）以取
代罗尔斯的"无知之幕"（veil of ignorance），认为罗尔斯的"无知之幕"是一
种过于理想化的规范建构，而"不确定之幕"则更具现实性。参见黄锫：规范
主义经济宪法学的理论架构——以布坎南的思想为主轴，《法商研究》，2007 年
第 2 期。

② 方福前. 公共选择理论——政治的经济学［M］. 北京：中国人民大学出版社，
2000，229。

中的逐利行为是以压缩公共利益的存在空间为代价的，更糟糕的是，由于国家合法地垄断者暴力，现有的规则结构无法对此进行有效的制约。要从根本上解决这个难题，改变宪法"约束失灵"以及政府无限制扩张的局面，就必须对国家权力结构及政府活动规则进行重新设计，实行宪政改革。布坎南为此提出了一系列具有针对性的改革主张，如改良"简单多数"的民主原则，重建"宪法民主"结构，实行财政立宪等等。但是布坎南的元规则理论因太过理想化而招致很多批评，这使得他不得不对其理论进行不断修正。可以说，布坎南的宪政经济学突破了传统经济学、政治学、法学等学科在既定规则约束下研究如何选择控制国家权力机制的狭隘视角，将注意力聚焦在约束条件即"元规则"本身的选择上，从而为治理"政府失灵"、"政府悖论"等政府痼疾提供了富有成效的模式设计。

而布坎南关于宪政规则（元规则）的模型搭构和宪政规则（元规则）的形成过程，可以为我们经济立宪阶段元规则模型的搭建与形成过程提供有益的参考。因为宪政规则作为社会生活中规则的规则，具有元规则的地位，而在经济领域不同的规则构造对经济运行的质量有着较大的影响，因此与元规则要求相符的经济法规则才是经济立法的核心规则。而元规则模型是一种天然的与自然法则相契合，是一种能使坏人也能做好事的规则，并且元规则还可以确定政府权力的边界和范围，保障人权和保护公民的经济自由，进而实现社会正义。而该元规则的形成过程，诚如法谚所云：法不是被人所创造的，而是被人以表述的。由于宪法天然与符合人类共同价值的自然法密不可分，那么作为宪法所表现出来的元规则也应具有自然法的价值。因此，用什么方法去把这种代表全体成员合理利益的元规则表达出来向来存有较大的分歧。对此，布坎南在衡量了决策成本与元规则价值后明确表示元规则应被代表全体成员的方式表达出来，而不应由少数的立法者狭隘的创造出来，并运用"不确定之幕"＋"一致同意规则"使得元规则的形成过程具有较高的清晰度和可操作性。

2.2.2 布坎南宪政经济学之批判

布坎南的宪政经济学实质是以外在的某种标准对宪政规则本身的有效性提出质疑，它将我们的目光从传统的约束条件之下的最优选择提高到对约束条件本身进行最优选择的层次。其重大意义在于，使得诸如宪法、宪政等决定规则的规则这些在传统经济学看来无关紧要的东西成为整个规则体系与制度体系的基础，宪政由此获得了至关重要的地位。

然而，布坎南强调宪法的正当性取决于在立宪过程中是否采取了"绝对多数原则"，特别是这一原则本身所具有的经济特征和经济后果，因此其宪政经济学在本质上依然只是关于宪法的经济理论。[9]宪政经济学与古典政治经济学一脉相承，构成"古典主义"复兴的一个重要部分。古典政治经济学对市场机理的探寻和解释，是在放弃了对市场中政治因素进行详细了解的情形下完成的。① 宪政经济学同样也没有对政治因素做过多关注，而是借助古典经济学中"经济人"和"理性人"的基本假定及其分析工具，揭示政治活动中的参与者与市场活动中的参与者一样具有"经济人"的本质。② 另一方面，宪政经济学作为公共选择理论的深化和拓展，继承了公共选

---

① James M. Buchanan, "Constitutional Economics", Buchanan, Explorations into Constitutional Economics, Texas A&M University Press, 1989, p58.

② 唐寿宁："《同意的计算》序言——公共选择理论：应用还是拓展"，[美] 布坎南、塔洛克：《同意的计算》，陈光金译，北京：中国社会科学出版社2000年版，第5页。

择理论强调对政治运作与决策规则进行经济考察的研究方法，注重审视政治决策的内生化。因此，宪政经济学实质上是综合运用了新古典经济学和公共选择理论的理论基础与方法论对政治活动进行研究，归根结底，宪政经济学是"经济"的，而非"宪政"的。

由此可见，布坎南的宪政经济学虽然研究的是经济领域内的宪政问题，如征税等公共财政问题的宪法制度设计，但在理论假设上它脱胎于古典政治经济学，在方法论基础上它源自于公共选择理论，因此在本质上，它仍然未脱离经济学的研究视野与框架，是一种经济学理论而非宪政理论。从宪政经济学这个称谓的渊源看，它第一次出现在《同意的计算》一书中，而此书恰恰被布坎南然为是现代公共选择理论的扛鼎之作。国内学者冯兴元指出，《同意的计算》一书将目光聚焦在宪政经济学上，这无疑是公共选择理论的更高层面研究。[1] 公共选择理论将市场活动中的"经济人"假定及其成本效益分析机制引入公共决策过程，将公共决策视为两种成本——达成"一致同意"的成本与"多数同意"下个体所支付的成本——之间的博弈，而上述理论恰恰是宪政经济学研究的基础所在。国内学者盛洪也指出，宪政经济学立基于制度经济学，制度经济学研究不同制度设计对经济绩效的影响，不同的制度会导致不同的经济绩效。当然，宪政经济学不仅是研究一般制度设计或制度整体结构那么简单，它研究的是具有基础性作用的"元制度"，即处于制度结构顶端的"皇冠"——宪法，它强调宪法在所有制度中是最重要的，宪法的绩效问题构成宪政经济学的核心命题。

因此，宪政经济学虽然是公共选择理论的一种宪政上升和扩张，

---

[1] 冯兴元：宪政经济学编校序，参见［澳］布伦南，［美］布坎南：《宪政经济学》，冯克利等译，北京：中国社会科学出版社 2004 年版，第 5 页。

突破了传统经济学的视角，但它仍然是沿着经济学的维度上升和扩张的，体现的仍然是经济学在宪政规则上的漫延。有关经济的法律规则显然不可能脱离经济学上的考虑，但是它难道仅仅只有这种考虑吗？似乎并非如此，经济法规则的宪政上升，一方面把经济学上的考量带上去了，使之进入宪政规则，另一方面，也将把宪政规则背后的法理带下来了，使之进入经济法规则，对正义的法理考量正是顺着这样的线索流入经济法规则的。

另外，宪政经济学依据经济分析所作的正当性判断更多地也体现为程序性上判断，它更多地是关注立宪过程，其正当性的基础是各方的自愿接受这种表达方式，而较少关注自愿接受的内容如何以及其是否具有正当性的问题。虽然它也涉及到了正义伦理问题，但这种正义伦理无非表现为"自愿接受"这种程序性的态度和理念，是一种立宪过程的伦理，对于所接受的内容及其正义问题，它并没有作出清晰的判断。不过，这种立宪过程的伦理对于所接受内容及其正义的判断也并非毫无意义，一是这种程序上的正当性对于所选择和接受的具体内容的构成会具有决定性作用，二是这种程序上的正当性对于所选择和接受的具体内容的正当性起到了作为先决条件和基础的作用。前文所述的自然法在宪政中的正义之维，虽然也涉及到了正当性的内容，但这种内容却是抽象的和模糊的信念和感觉的内容，它较少对立宪程序的正当性给予关注，而本文下章所要探讨的罗尔斯的两个正义原则却一方面对程序形成的过程给予了一定的关注，它清楚地表明正义原则是以契约论为基础及无知之幕为条件，而对所选择和接受的具有正当性的具体内容的判断，则表明它更加清晰地排除了正义内容在感觉上的不确定的因素。

2.2.3　以经济法为视角的经济宪政

符合正当性的经济立宪过程既是经济宪政前提，也是经济宪政的重要组成部分；因为宪政应有的正义之维当然包括正当的立宪过程。而非正当的所谓立宪过程却不构成宪政，由此形成宪法及其推行当然更不可能称之为宪政；就好象纳粹独裁形成的宪法及其依法推行不仅不能称之为宪政，而且是与之背道而驰的。

不同于确立宪法的一般立宪过程，经济立宪过程所确立法律规范，不仅仅只指包含有国家参与经济的条款的宪法，而且还应当包括有国家参与经济的条款的其他法律规范，因为宪政的根本目的在于对国家权力（包括经济权力）的规范，这样，涉及到国家权力形成（包括国家经济权力形成）的一切条文都具有立宪的意义。因此，除宪法有国家参与经济的条款外，其他有国家参与经济的法律规范的确立，即经济法的确立，都具有立宪的意义；如果它们符合正当的立宪过程，就是经济宪政的前提和重要组成部分。

但是除了正当的经济立宪过程，经济宪政还应当包括具体内容符合正当性要求的经济法的运行过程。经济宪政的核心在于经济法治，而"实行法治的国家通常具有以下共同特征：它们把政府权力分配给各自独立的政府部门；将公民自由（特别是合法的诉讼程序和法律面前人人平等）置于宪法的保护之下；并且通过公正的选举来和平而有序地移交政治权力。① 因此，经济宪政的核心在于经济法治，而经济法治主要通过经济法规范的有效运作来实现。经济法作为国家干预经济之法，旨在解决市场失灵和政府失灵，从而为实

---

① 杰夫雷·萨克斯，胡永泰，［美］杨小凯：经济改革与宪政转型，《开放时代》，2000 年第 4 期，第 15 页。

现经济社会全面、协调与可持续发展提供有力的法制保障。就其调整对象而言，经济法主要调整市场规制关系和宏观调控关系，由此形成了市场规制法和宏观调控法，这构成了整个经济法体系的核心。而宪政作为生成经济法规则的元规则，无论是对市场规制法还是对宏观调控法都具有重要的指导意义和调控价值，为具体经济法规则的生成和运行提供了价值指南和评判标准。

在市场规制法领域，需要上升到经济宪政层面讨论的问题是自由与管制的关系问题。对这一问题的回答，直接关系到市场规制法的制定及其实施效果。市场作为一种内生于社会的自生自发机制有着其自身的运行规律，在一般情况下其本身并不需要外力的介入和干预便能够自如运行。然而，囿于市场机制自身的内在缺陷，在特定情形下可能引发市场失灵，而国家作为现代市场经济无法回避的公共机构，有天然的具有权力扩张的侵略性。因此，为了防止国家权力的不当扩张和防止市场失灵，需要在经济宪政的框架之内为政府管制与市场自由划定边界。为此，需要从元规则的层面确定政府管制的范围、边界、方式、强度以及市场主体所享有的经济自由和经济权利，从而激发市场活力，规范市场秩序，促进市场经济的自由发展和健康繁荣。为此，在具体规则的设计上，要求做到权力法定，即政府对市场的干预或者规制必须首先获得法律、法规的明确授权；程序法定，即政府对市场的干预必须依循法定程序进行，不得任意妄为；责任法定，即政府对市场的干预应有充分的理据，否则应承担因干预不当所引发的法律责任。①

在宏观调控法领域，需要上升到经济宪政层面解决的问题宏观

---

① Michael Mastanduno. Toward a Realist Theory of State Action. International Studies Quarterly，1989，133（4）：121 – 125

调控的法治化问题。宏观调控作为我国社会主义市场经济体制的重要特征之一，在确保经济社会平稳发展，促进市场经济大发展大繁荣方面发挥了重要作用。然而，宏观调控也因其随意性较大、法治化程度低，未纳入经济宪政的框架而广受诟病。而解决这一问题的关键，就是要将其纳入经济宪政的框架之内，通过宏观调控的法治化和规范化解决其合法性和正当性问题。而要将其纳入法治化的轨道重中之重是从宪政的层面解决宏观调控的权力配置问题，从元规则层面明确宏观调控的机构、职责权限、程序约束、效果评估、责任追究等主要问题，从源头上确保宏观调控的正当性与合法性，确保调控效果的可预见性，帮助调控机构树立诚信和权威，从而解决长期以来困扰政府的调控主体与调控受体之间"猫捉老鼠游戏"，走出"上有政策，下有对策"的调控怪圈，通过宪政机制和调控权力的法治化在二者之间架起一座沟通与合作的桥梁，进而分享改革发展成果，共同构建社会主义和谐社会。

值得指出的是，作为经济法核心的市场规制法和宏观调控法，只有在其形成过程以及具体内容符合正当性要求的前提下，才可以称为是经济宪政重要组成部分，但经济宪政不仅仅只包含经济立宪阶段，即经济法的形成阶段，而且包括经济立宪后的阶段，即经济法的运行阶段。所以，经济宪政应当包括完整的经济法治过程，因为经济法治在法治的具体内容上不作正当性的价值判断，而宪政是有正当性的价值判断的，所以准确地说，以经济法为视角来看，经济宪政应当包括符合正当性要求的完整的经济法治过程，即符合正当程序与具有正当的具体内容的经济立宪过程，以及立宪后的符合正当性要求的运行过程。

2.3 经济宪政与正义原则的关系

　　以上在表述正义含义时，本文亦采用正当性等相类似措词。虽然其中有些涉及程序上的正义或者正当性，可以通过经济分析方式的，采用各方"一致同意"获得相对比较确定的含义，但其他大部分需要从内容上来加以描述的正义或者正当性都是抽象、含糊而不明确的。如果正义被确立为某项原则，则需要从内容上对这项原则作出判断，且需要有比较清晰的表述；本文下章将引用罗尔斯的正义原则来加以说明。但是即使在对正义原则的具体内容未得到清晰阐述前，只要不需要就正义的个别具体内容对经济宪政直接形成某种联结关系加以说明，那么也不会影响对正义原则与经济宪政的整体关系作出基本判断。建立在种推断上，在初步阐述了以经济法为视角的经济宪政和正义（正当性）之后，就可以对经济宪政与正义原则之间的关系作一番梳理。经济宪政作为宪政原则在经济领域的展开，旨在表明国家在经济领域的行动也必须遵循宪政法则，进而受宪政框架的约束。而正义原则作为法的最高目标和根本价值追求，这与经济宪政又有着怎样的内在关联？对此笔者从两个方面予以考察：一方面，经济宪政作为限制国家经济权力和反对经济专制的有力武器，旨在彰显一种肯定性的价值目标，而这个目标就是正义，因此在此意义上我们可以说正义原则是经济宪政的根本价值取向，它也是评判是否实现经济宪政的首要标准；另一方面，正义作为法的根本价值追求，不能仅停留在口号式的道德宣教和社会成员的主观体验之上，而应当通过某种特定的机制予以客观化并落到实处，无疑经济宪政就是实现这一价值目标的有效途径，也是将正义原则导向现实经济活动的最佳机制。

2.3.1 正义原则是经济宪政的价值追求

经济宪政作为国家在经济领域行动的绝对命令，主要包括了经济民主、经济法治和经济权利保障三个方面具体目标，而在这三者之中经济法治是核心，无论是经济民主还是经济权利保障都必须在经济法治的框架内进行。而经济法治的根本目标就是要实现经济领域的正义，由此经济宪政的根本价值追求——正义原则得以充分彰显。具体而言，正义原则作为经济宪政的根本价值追求，其理据主要体现在以下三个方面：

首先，经济宪政旨在限制国家经济权力，反对一切形式的经济专制，为此需要在经济领域大力推行经济民主。经济专制是破坏社会正义的重要因素之一。其一，经济专制通常导致市场经济的非效率，垄断者能够以高于边际成本的价格攫取垄断利润侵害消费者福利，能够以排他行为妨碍或阻止其他企业进入市场；其二，经济专制通常导致社会的不平等，在市场激励机制和社会精英理念的作用下，如果某企业是通过优良的产品、服务和创新精神而获得临时性超额利润，这种为公众带来实惠并为其他企业树立模仿榜样的共赢状态，是能够为社会基本的平等观念所容忍的，但是如果某企业是通过如借助政府权力等方式攫取经济专制力，并以掠夺的方式而非共赢夺取公众福利，将严重影响社会平等；其三，经济专制影响自由。卢梭在其《社会契约论》中认为，社会契约使人"从自然状态中提升出来，使他从一个狭隘、愚蠢的动物一变而成为智能的生物，一变而成为一个人的那个幸福的时刻，他一定会永远感恩戴德的……由于社会契约，人类失去的是他的自然的自由，以及对诱惑他的和他能得到的任何东西的绝对权利，而通过社会契约他所能得到的是社会的自由，以及对于他所占有的财产的合法权利。"关于自由，卢梭补充道，公民社会中的人才能被称之为真正的人，因为他获得了道德的自由，从而能够自己主宰自己；被欲望所支配的人实际上仅仅是奴隶而已，只有当人类能够遵从自己所立之法时，才能被称得上是真正自由的。① 同时康德也认为，人只有在服从规范（绝对命令）时，才能从规范世界中体验道德和获得自由。可是，经济专制不仅在经济领域中造成弱势群体不得不在一定程度上服从专制者的意志，而且还会通过权力间的相互渗透，在政治领域甚至是文化领域中迫使弱势群体丧失相当分量的话语权，这就破坏了最为基本的自由，即自己服从自己的意志。经济民主作为经济专制的对立物，欲行经济民主必先打破一切形式的垄断，引入市场竞争，将一切资源和机会向所有的社会成员开放，让真正有实力、有能力、能干事又能干成事的人获得稀缺资源。为此，要求在相关经济法制度安排上实行机会平等和准入平等原则，让一切创造财富的市场热情得到充分的释放、激情尽情迸发。当整个市场成为一个高度发达、充分竞争的市场之时，国家经济权力的运行自然也就有了边界和约束。惟此，才能将国家经济权力这头"经济怪兽"关入牢笼而不致使之成为侵犯公民经济权利和破坏市场公平竞争的工具。

其次，欲行经济宪政从根本上还必须推行经济法治，将国家经济权力纳入法治化的运行轨道。虽然正义原则是统领社会的形而上之道德原则，但是正义原则不能仅仅作为一项道德要求，其必须通过法治，尤其是经济法治，将其法律化，以强制约束的方式保障其落到实处，使之享有良心谴责和法律强制的双重力量，使之从单纯

---

① 参见［法］卢梭：《社会契约论》，何兆武译，商务印书馆2009年版，第25－26页。

的道德原则发展为立法、司法、执法和守法的共同原则。"一切有权力的人都容易滥用权力，这是万古不易的一条经验，有权力的人们使用权力一直到遇有界限的地方才休止。"① 孟德斯鸠对权力制衡必要性的分析表明，国家权力具有扩张性和侵略性，这就要求经济法制度安排在宪政的框架内处理好国家与市场的关系问题，在国家与市场之间寻求恰当的平衡与协调。既然我国宪法规定要建立社会主义市场经济，那么市场经济的规律和各国市场经济的共性都表明，国家的"有形之手"应当在市场机制确有需要之时以法律的形式进行干预，借以维护市场对资源的基础性配置功能。为此，必须将正义原则贯彻到经济法治的每一个环节之中，通过为国家"约法三章"② 确保经济立法、经济守法、经济执法和经济司法都能获得正当性基础，进而彰显经济法治的正义价值。

最后，经济宪政的实现最终要落实到经济权利的保障上。正义原则应当体现在具体的权利之上，经济宪政对正义原则的坚持应当体现在对正义原则所要求之权利的保护之上，否则，正义原则将是空泛的、抽象的和不可名状的。这种无法通过权利保护得以实现的正义原则将导致经济宪政的失效，理由有四：其一，口号式的正义原则缺乏权威，这无异于使经济宪政丧失最终的源头，使之名义上的统一价值在立法过程中因利益关系之故有任人践踏之虞；其二，口号式的正义原则缺乏尊重，这体现为司法机关和执法机关对抽象正义原则的偏离，因为正义考量是更为间接的和更为哲理性的考量，

---

① 参见［法］孟德斯鸠：《论法的精神》，张雁深译，商务印书馆1986年版，第151页。

② 这里的"约法三章"具体是指国家在经济领域的行动必须遵守"权力法定、程序法定、责任法定"三大基本要求，否则不能获得宪政的支持，其正当性与合法性必将遭受严重的质疑。

如果正义原则模棱两可，那么司法者和执法者将自然倒向更为直观的和更为就事论事的功利考量，即效率——成本分析（benefit－cost analysis），这就为功利主义之弊病提供了较大的衍生空间；其三，口号式的正义原则缺乏感情，公众之所以对正义原则产生感情，不仅是因为该正义原则的内容有多么优良和甜美，更重要的，是公众对该正义原则的实现有所期待，在观其内容时能乐观地预尝其果实，在切实品味后能有所满足，若正义原则不落实到具体权利保护之上，则无异于画饼充饥，毫无催生正义感情可言；其四，口号式的正义原则缺乏信任，公众对政府的信任以及公众彼此的信任是社会的重要纽带和财富，这种信任的重要因素之一，是人们共同信仰者同一个具有最高效力的正义原则，在自己理性选择时能够依据该原则合理地预期和确认他人的反映，以此大幅度减少人们在社会经济交往过程中因各种不确定性所造成的不必要成本，倘若正义原则缺乏法律上之力，那么每个人的心里就多了一份怀疑和规避风险的理由。因此，作为经济宪政基本价值追求的正义原则，要求经济权利应当作为市场主体的一项基本权利。经济权利作为市场主体的一项基本权利，从抽象的层面看包括经济自由权、经济平等权、经济民主权和经济成果分享权①，从现实的层面看经济权利包括消费者权利、劳动者权利、社会保障权等。而这些权利的有效实现，离不开经济宪政的支持，只有经济宪政才能从元规则层面为上述权利的实现提供切实的法治保障。经济宪政不仅能够确保上述权利成为一种法定权利，更重要的是它能够通过正义原则的贯彻和落实确保上述权利从纸面上的权利转化成现实中的权利。为此，在上述权利的实现过

---

① 参见车亮亮：经济法的初始范畴研究——权利视角的思考与探讨，西南政法大学硕士学位论文，2008年4月，第11－18页。

程中，一方面要通过经济宪政的约束防止国家经济权力对私人经济权利的侵犯，另一方面还要通过经济宪政防止个人经济权利的滥用和损害社会整体利益，由此在国家与私人之间以及个人相互之间建立起符合正义原则的经济秩序。

2.3.2　经济宪政是正义原则的实现形式

正义作为法的渊源之一，更是法的追求与归宿。一般而言，正义是指具有公正性、合理性的观点、行为、活动、思想和制度等。正义要求权利的分配与义务的担负应在确定的规则与明确的标准之下进行，这种规则与标准必须是普遍性的，如以人的贡献或者根据人的身份，而且权利义务的分配者必须要持守严格的中立，只有这样才能确保分配结果的公正。衡量正义的客观标准是某种思想、制度和行为能否推动社会发展、是否符合客观规律、是否满足社会中普遍个体的最大利益。具体到经济领域，一切经济法制度和规则的生成与运作也必须符合正义原则。而要实现经济领域的正义，必须诉诸于经济宪政，因为经济宪政作为经济领域的元规则，对其他经济法规则具有统领和价值指引功能，是衡量其他经济法规则正义与否的首要标准。而宪政正是通过一种立宪的政治和法律制度维护和保障个人的上述基本权利①不被侵犯，特别是不被国家或政府的专横权力所侵犯。② 在此意义上，笔者认为经济宪政是正义原则的最佳实现形式。为什么说经济宪政是正义原则的最佳实现形式，主要

---

① 这里的上述基本权利是指最低限度的人权，如生命权、财产权、自由权等，这也是是宪政的核心目的。

② 高全喜：宪政正义与超验正义——两种正义及其悖论，http：//www. comment - cn. net/politics/politicalidea/2006/0601/article_ 1837. html，2006 - 06 - 01。访问日期：2012 - 9 - 17。

是基于以下几个方面的考虑：

首先，正义原则作为一种主观的价值判断，因其抽象性和随意性而飘忽不定，很难被人们清晰捕捉，而作为一种法律的根本价值指向，正义原则在整个经济法价值体系又占有至关重要的地位，因此，为了弥补正义原则的不确定性和易受挑战性等内在不足，需要为其寻找一种合适的价值载体以便将正义原则最终落到实处，而经济宪政作为一种广受社会公众认同的权力分配机制正好担此大任。如此，既解决了正义原则本身的空泛与主观性问题，又使得国家的经济行动时刻经受经济正义法理原则的考量，而不致引发经济专制和经济独裁，破坏市场机制自身的运行规律，侵犯市场主体的经济自由和经济权利。

其次，经济宪政在经济法治、经济民主和经济权利保障层面不同程度地体现和践行着正义原则。就经济法治而言，正义原则贯穿于经济法治的每一个环节与过程之中，无论是经济立法、经济守法、经济执法和经济司法都必须以正义为基本价值追求，在确保正义的前提再进行其他方面的价值考量，比如效率、秩序、安全等价值。当然，在某些时候而并不总是效率、秩序、安全这些价值已然成为正义原则本身的一部分，与正义原则水乳交融，共同构筑起整个经济法治的价值大厦。显然，在这些不同的价值之间有融合，也有矛盾甚至有时还会引发价值冲突。但是即便如此正义价值仍然具有优先于其他价值的先导意义和统摄作用。这里的正义不仅仅是一种形式上的要求，更重要的是一种实质上的要求，即罗尔斯正义理论中的差别原则，一切经济法规则的设计应确保境况最差者的利益能得到改善。就经济民主而言，当务之急是破除经济专制，打破市场壁垒，而这不仅需要市场主体的民主参与和广泛进入，更重要的是国家要尽可能将经济资源和机会向所有社会成员开放，并注重对市场主体民主意识和竞争意识的培养，以期建立一个有道德约束和制度调节的精英社会，激发泱泱大国被埋没已久的能量，而这正是罗尔斯正义理论机会公平平等原则。就经济权利保障而言，经济法作为经济权利保障之法，需要在元规则——经济宪政层面给正义原则以其应得的地位和预留足够的空间。尤其是在涉及基本经济权利领域，经济宪政规则的生成和运作必须接受正义原则的检视。为此，布坎南的一致同意原则为我们提供了一种可行的制度选择，首先，尽管这一选择的成本高昂，但是与基本经济权利对公民生存和发展的重要价值相比这仍然是值得的；其次，功利原则已得到过多的强调，功利主义的弊端在我国显而易见，为了消除此类弊端，作为最高原则的正义原则，应当受到绝对的服从和尊重，不能以社会最大多数人是否获得最大的利益为标准来决定正义原则的效果，这是正义原则实现之优先性的必要条件。

最后，正义原则的实现不仅依赖于法律的实体正义，还必须依靠程序正义来获得，而正当程序作为经济宪政的题中应有之意恰好为正义原则的全面实现提供了有力的程序保障。法谚有云："正义不仅要实现，而且还要以看得见的方式来实现。"不过，这里的程序正义，与前文所述立宪的程序正义是有区别的，它是指经济法运作实施过程中的程序正义，是立宪后的程序正义；而立宪的程序正义是经济法形成过程中的程序正义，是立宪时的程序正义。而经济领域的这种正当程序不仅可以排除市场主体的合理怀疑，还可以使各方利益主体获得明确的、稳定的预期，进而增强经济法的权威性和公信力。由此可见，正当程序之于经济宪政具有特别的意义和价值。诚如宪法学者所指出，宪政的基本原则主要通过一定的程序实现，宪政取决于一定形式的正当过程，正当过程又通过程序来体现。应当指出，不同于赌博和抽签之类服务于不确定目标的完善程序，法律程序属于不完善程序，即以实现正义原则为确定目标的程序会或多或少导致某些偏差，这就要求法律过程的创制者以经验和理性选择变差可能性最小的程序，要求法律过程的操作者牢牢把握住作为目标价值的正义程序。因此，程序正义是实现制度正义和形式正义的具体步骤和方法，通过这些方法既能确保生成的经济法规则确属良法，又能通过正当程序确保经济执法和经济司法的科学性和有效性，进而实现经济领域的良法之治。

第3章

经济正义法理原则的内容与结构

如前所述经济立宪正义虽然可以以"一致同意"对正义提供较为明确理解，但这种理解仅仅是立宪程序上，但对立宪形成的正义内容仍然基本无解。显然完整地把握经济宪政，更需要从内容上去理解正义。因循自然法的传统所探求的宪政正义路径，虽然是从正义内容角度切入的，但是它无法从根本上提供比较清晰正义内涵。虽然这种路径本质上表明了一种从抽象到具体逻辑结构，甚至表明自然法到宪法的运行这样一种宪政结构，但这种逻辑结构的过渡环节如何体现正当性，特别是对自然法为什么是正义的这个前提，它都无法提供证明。所以古往今来，凡是能广为接受并践行的正义学说，大都是提供了一种到达正义的具体途径以及判断是否正义的客观标准，避免了与正义内涵的"正面交锋"。因为正义具有一张"普洛透斯"似的脸，任何对其内涵进行细致入微深入描述的努力都会因为这一概念本身的抽象不定而遭遇困境，这一点早已为知识考古学的研究所证明。但是，回避内涵并不意味着正义原则是"不可说"的，相反，正是由于正义自身的复杂性，使得我们需要对其内涵的基本维度进行厘定。事实上，准确理解经济宪政与正义原则的关系为界定经济正义法理原则的界定提供了可能，就是通过把正义在经济宪政中的表现进行抽象，进而将重心放在寻找能够维系最基

64

本的底线正义的外延标准与原则，从而对经济正义法理原则的内容进行诠释。

　　探索经济正义法理原则的内容，罗尔斯的正义二原则为我们提供了研究的基本路径。罗尔斯以契约论为基础，探讨了在原初状态（无知之幕）下，人们将达成全本一致的两项正义原则："第一个原则：每个人对与其他人所拥有的最广泛的基本自由体系相容的类似自由体系都应有一种平等的权利。第二个原则：社会的和经济的不平等应这样安排，使它们被合理地期望适合于每一个人的利益；并且依系于地位和职务向所有人开放。"① 其中第一项原则主要是针对政治生活领域的原则，而第二项原则则主要是针对经济生活领域的原则。并且，他还全面分析了这两项原则的关系，特别提出两项原则中所包含的优先秩序（即自由平等原则优先），用以解决由于上述两原则冲突而产生的价值取向问题："这两个原则是按照先后次序安排的，第一个原则优先于第二个原则。这一次序意味着：违反第一原则所要求的平等、自由不可能因获得较大的社会经济利益而得到补偿或辩护。收入和财富的分配及权利的等级必须同时符合平等公民的自由以及机会的自由。"[10]

　　经济正义法理原则的结构具有复杂性。准确理解经济正义法理原则的结构，需要对其进行静态和动态的分析。经济正义法理原则的静态界定并非是要对其内涵做出一劳永逸式的精准定义，而是要提供一个我们认识经济正义法理原则的一般框架，这一框架整合了经济正义法理原则作为一个命题和一个概念而为我们所认知的一些基本要素和特征，同时，这一框架也提供了我们探求经济正义法理

---

① ［美］罗尔斯：《正义论》，何怀宏等译，北京：中国社会科学出版社，1988年版，第56页。

原则的具体内涵的基本路径。经济宪政的动态结构分析就是以经济法治为理想图景，通过对经济立法、经济执法和经济司法的进程分析，以厘清经济正义法理原则结构的所指与能指，从而为我国经济正义法理原则的制度化和经济正义法理原则在中国经济法制中的实现奠定一个基调。

3.1   经济正义法理原则的内容

罗尔斯的正义二原则能够与经济正义法理原则形成契合，并成为其评判的标准，其关键在于他指出了在立宪的缔约过程中，如何才能保证权利分配的公平。并以此替代传统功利主义的正义进路。罗尔斯是在功利主义盛行、功利观引发较多社会经济问题且直觉主义无法提供良好救济的时代背景下提出其正义二原则的，以期打破社会政策决策者以"福利最大化"为最高行动指南。他认为，功利主义理论体系本身就是不合理性的、是掠夺式的。一方面，功利主义所假定的前提事实是，每个人都是趋乐避苦的，都渴望实现自己快乐的最大化；另一方面，功利主义所确立的道德规范是，社会应当实现"最大多数人的最大利益（the greatest good for the greatest number）"。① 但是，功利道德规范的实现过程，要求每个人都将实现社会利益的最大化，而不是实现自我利益的最大化作为行动指南，这无异于该理论用自己的道德要求来否认自己的假定事实，无异于将用于个人的原则错误地当作用于社会的原则，即把整个社会当作一个没有自我冲突的个人来要求，无异于社会政策决定者能够以社

---

① John Rawls. Political Liberalism. New York：Columbia University Press，1993，208

会利益最大化为理由肆意掠夺个人利益。这种理论所导致的社会问题体现在以下三个方面：其一，如果社会选择的价值标准是最大多数人的最大利益，那么社会中的少数群体，尤其是弱势群体的利益，将缺乏保障；其二，各类价值和各种善的追求，通常具有不可量化性，比如我们无法将生命量化为金钱，这种度量手段的缺失要么导致功利计算的失效，要么导致功利计算的成本过高；其三，功利道德规范包含了所有的利益和快乐，将所有的利益和快乐都不加区分地作为计算因素进行考量，但是，某些快乐和满足，比如恶意报复带来的快感，是无法为社会的道德风尚和人的自然情感所接受的，或至少是应当受到限制的。①

面对以上缺陷和弊病，罗尔斯提出了能够为我们作为经济宪政之价值蓝本的正义二原则，因为在一个权利代表利益、自由、人格与尊严的世界里，任何正义其实都是权利分配的正义。这实际上也深深契合了经济宪政规则的核心，因为经济宪政规则型构的是宪政框架之下的基本经济秩序，而基本经济秩序的核心无疑就是公民经济权利与国家经济权力之间的博弈互动及其宪政调控。那么怎么判断这种博弈互动及其宪政调控才是正义的，无疑是看其目的：是否平等保护了每个公民的经济权利，并以此作为国家经济权力的依归。而罗尔斯的正义二原则暗含着的理论前提是，权利是关涉正义的头等大事，任何社会契约的缔结、国家权力的成立其目的都是为了保障权利的正义。因此，对正义的判断就取决于权利分配的是否公平，作为基础的"平等原则"保障了作为经济权利前提的政治权利分配的公平，而作为补充的"差别原则"则保障了经济权利分配的公平。

---

① A. Wertheimer. The Equalization of Legal Resources. Philosophy and Public Affairs, 1988, 17: 301 –322

更重要的是，正义二原则不仅仅在于关注权利分配的公平这样简单，通过对权利分配的要求它限定了国家权力运行的边界与底线，形成了对国家权力的约束，即任何国家权力对于公民权利的动作与行为都必须要以此为准则。显然，这正是经济宪政所为之追求的目的：限制国家经济权力，保障公民经济权利。

此外，在形式上，罗尔斯的正义二原则也契合了评判经济宪政规则正义与否的一般标准。首先，二原则具有一般性，它不涉及具体的个人或事物；其次，二原则具有普遍性，它的效力适用于一切个人和场合；再次，二原则具有公开性，罗尔斯的理论立基于契约论，而契约的结果对所有人都是公开的；复次，二原则具有体系性，科学的正义原则必须排列各种冲突的利益与价值的先后次序，这种次序相互衔接，汇合起来构成一个逻辑严谨的体系，二原则无疑符合这个要求；最后，二原则具有终极性，即它是对客观实践进行裁决的终极法庭；它们说的话是最后的、决定性的，在它们背后没有更高层次的标准可以诉诸；作为经济宪政规则的基本道德原则，宪法、法律乃至风俗、传统都要由它们来做出最后决定。①

所以，以下分析罗尔斯正义二原则时，本文将对经济宪政加以套用。

3.1.1　罗尔斯正义二原则的背景性条件

罗尔斯正义二原则形成的基本路径也是契约，这种契约论的基础与前述经济立宪正当性的判断标准"一致同意"本质上是相同的；因此形成正义二原则过程的正当性也在于普遍同意，而普遍同意作

---

① 何怀宏：《公平的正义：解读罗尔斯〈正义论〉》，济南：山东人民出版社 2002年版，第 144 – 145 页。

为正当性的判断标准是可以比较准确地把握的。不过，现实社会中，基于各自立场、偏好、知识背景、对自我的认识以及利益诉求等等不同，要各方都形成普遍同意非常困难，因此普遍同意的正义内容也就难以准确把握了。为解决普遍同意的问题，并进而探求各方普遍同意的具体内容，罗尔斯设计了两个背景条件：一个是达成契约的提前性条件，另一个是形成契约标的价值条件。

3.1.1.1 前提性条件：无知之幕的提出

经济正义法理原则只有在无知之幕，即排除各种各样的自然或社会偶然因素的影响，把各方置于一种完全公平、地位平等的条件下，才能获得公正合理、普遍的同意。如何达致正义的公平无疑是罗尔斯设计（发现）无知之幕的重要目的，因为在每个人都对自己的私益不太确定的原初状态中，只要制定出公平的规则与程序，就必然能获得公平的结果。社会中的每个个体都是独一无二的，自然天赋、家庭出身、社会地位、利益诉求、兴趣爱好皆不相同，因此在选择构成社会存在基础的经济规则时，要使选择的规则获得一致同意并且符合公平的要求，那么就要将上述个人在特质方面的差异尽可能抹去，使得任何人无法因地位、天赋或者社会地位等因素的不同而受益。绝不允许为谋求某类人的特殊利益而将基本规则裁剪得适合他们的特质，必须要排除上述个人因素在基本规则选择过程中的影响。此外，在社会基本经济规则的设计和选择过程中，由于每个人都是订约者，根据自然正义的要求，"自己不能成为涉及自身之案的法官"，因此公正的仲裁者的出现就是一种奢望，所以只能通过无知之幕限制人们对于自身私益的预期与确定，从而尽可能令选择的基本经济规则不受个体好恶的影响，避免社会纷争与分裂。[1]

---

① Jason Brennan. Rawls' Paradox. Constit Polit Econ, 2007, 18: 287－299

经济正义法理原则的无知之幕范围需要有多大呢？或者说各方对哪些事实或情况是完全不知道的呢？首先，每个人对自己的自然天赋、家庭出身以及社会地位的一切都是无知的，如体力、智力、在社会中所处的角色与地位等等；其次，每个人对于决定自己利益倾向的价值观与性格是无知的，比如不知道自己对未来生活的规划内容，不知晓自身的心理特质，稳重还是激进、悲观还是乐观对于每个个体来说都是不知道的；最后，每个人对自身所处时代的认知也是空白的，处于什么时代，文明发达程度怎样，经济政治文化状况如何，这些都是不知道的。

然而，我们知道自己所处的社会具备了诸多经济正义的环境条件，生活在这种社会的人们合作是可能的和必需的。我们有利益一致的一面，又有利益冲突的一面，利益的一致在于人们的社会合作能使所有人都过一种比他们各自努力、单独生存所能过的生活更好的生活；利益冲突是由于人们谁也不会对怎样分配由我们的合作所产生的较大利益无动于衷，因为对我们所追求的目的来说，不管这些利益是什么，较大份额的利益总比较小份额的利益要好。① 为了适应此类社会的生存并发展，就需要一些基本经济原则来决定能够恰当分配利益的社会安排，这也是经济正义法理原则存在的前提条件。

一般而言，我们生活的社会在客观方面：第一，个人能力差别不大。我们都生活在一定的地域范围内，具有大致相同的体力和智力，那种能拯救世界的"超人"在现实世界中是不存在的，单个个体的社会行为容易遭受其他人的联合阻止而导致失败，因此每个人都具有一定的"脆弱性"。第二，资源的相对有限。无论何种资源在

---

① John Rawls. Two concepts of rules. The Philosophical Review, 1955, 64: 3 – 32

我们生活的社会中都是有限的，资源的"有限性"意味着并不是所有的社会合作都能够顺利达成，但这种有限也不是"极度匮乏"，"极度匮乏"意味着任何富有成效的合作将丧失可能。我们将这种相对的有限称之为"中等程度的匮乏"，也就是说，社会的需求和可能的提供之间存在差距，但又不是极度匮乏。

　　在经济正义环境的主体方面：主体各方具有一定程度的共同利益，从而使得相互有利的合作成为可能；另一方面，我们每个人都有各自的生活计划，这些歧异的计划，或者说"好"的观念，使我们抱有不同目标，造成利用自然与社会资源方面的冲突要求。在《正义论》中，罗尔斯特别假设各方对别人的利益是不感兴趣的，相互冷淡。各方珍视自己的"好"的观念，认为这一观念是值得追求的，它所提出的要求是应当满足的。但这并不意味着各方是利己主义者，只关心自己的某种利益如财富、权力、威望，而只说他们在此时对他人的利益是不感兴趣的。这就在作为人们将要选择正义原则的原初状态中排除了过分的利他主义成分，排除了"圣人"和"英雄"精神存在的可能性，其理由在于，利他主义与导致理性选择的利己主义一样，都将影响所选原则的"正义性"，而只有在排除了个人具体喜好和意愿的情况下，人们所选择的原则才不会为讨价还价所影响，才是真正意义上的一致同意，才能最终导向正义。① 他们是否是利己主义者要依他们的"好"的观念（或生活计划）的具体内容而定，如果其内容是个人财富、权力和威望，那他们确实是利己主义者，然而他们的"好"的观念也可能是共同幸福或助人为乐，而这些具体内容在此都没有被规定。我们只知道这些人各自抱

---

① Burleigh Wilkins. Rawls on Human Rights: a Review Essay. The Journal of Ethics, 2008, 12: 105-122

有自己的"好"的观念，都有自己为生活所设计的合理计划（长期计划），但并不知道这些观念或计划的具体内容。总之，各方"相互冷淡"的假定意味着人们既不是大公无私的"圣人"也不是唯利是图的"小人"。"圣人"意味着永远只考虑他人利益、满足他人"好"的观念的"利他主义"，果真如此就不会存在正义问题；"小人"则意味着永远只考虑个人私益、不顾他人利益的"利己主义"，倘若如此则普遍同意的正义原则也无以达成。

客观上资源存在"中等程度的匮乏"，主观上个体之间"相互冷淡"，并且他们知晓社会结构，理解社会原则，懂得政经事务，掌握心理法则，在选取正义原则和获知社会事实方面，他们并不存在任何信息限制。一般人看来，这一设计不合常理，显得十分怪异。但罗尔斯认为，在思维中进入这一状态并不困难（它当然不是一个事实——无论是过去有过还是未来可能有的事实），实际上这就意味着依据一种一般的、普遍的观点，一种剔除了因个人因素影响而导致的偏颇的观点进行的思考。在无知之幕的"笼罩"下，各方环境相同，能力相似，被同等地论证与说服，因此，个体选择也就是为社会进行选择，社会的选择同样也是每个个体的选择。由于背景相同、能力相似，因此各方的想法也就具有了同质化的倾向，不再存在个体的独特反思，"一致同意"的社会契约也才有较大的可能达成。在无知之幕的条件下，一种全体一致的经济正义观得以形成，否则，一致契约的达成就会变成一个几乎无法解决的难题，即使达成一致，也只能是在一些细枝末节的琐屑问题上，而关键性的、主要的问题则难以达到统一的意见或看法。如果作进一步思考，就算每个人以利益权衡的方式、在强弱对比的影响下达成妥协，这种所谓的"一致"原则也因其带有强制和受迫因素，而无法得到完全的认可，其实施力度和实现程度也将因此受到削弱。

实际上，在此达成的经济正义法理原则已经不是一般意义上的契约，而是达成一种普遍性的观点。对经济正义法理原则的选择已经不是一种个人的选择了，而是一种把所有人融为一体的一个抽象的理性人的选择。这一选择利用"无知之幕"这一特定载体把所有人的特点隐去，而彰显了人的工具理性和合理慎思。罗尔斯认为，"相互冷淡—无知之幕"的假定优于"仁爱—知识"的假定，因为"相互冷淡"和"无知之幕"促使原初状态下的个人在选择时不得不考虑他人的选择（即在为自己选择的同时也是在为所有人选择），从而能够形成社会一致同意的正义观。此外这种假定本身也足够清晰和简洁，容易为人所理解。除了与经济正义环境直接相关的、选择各方主体方面的一些条件，还有主体的其他条件：各方是自由、平等、有理性的存在，或者说，各方必须是自由人、道德人和理性人。

首先，各方是自由、平等的存在。如果没有自由的条件，各方不能按自己的意愿进行选择，也就不可能产生订立契约的行为。平等则是因为各方的"道德人格"。罗尔斯指出，"道德人格"表现为个体的两种能力：（1）人是道德主体，能够理解自身所需的利益和幸福，并形成对社会的有益认知，从而具有形成"善念"的能力；（2）具有正义感，并追求正义感的实现，即具有一种在日常生活中体验、实践所获知的正义原则的欲望。"道德人格"的这两种能力虽然有时并不完全外化，只是一种潜能，但却构成人之平等的充分基础，成为正义原则选择过程中平等权利的依据所在。这种"道德人格"能力是使一个人成为平等的权利主体的充足条件。当然，我们说的是潜在能力，人所共有的，几乎囊括了所有人，并不是已经呈现出来的各不相同的能力。同时，我们应当注意：（1）对人们的"好"的观念、目标体系或生活计划并没有排出高下和优劣。在无知之幕后面我们并不知道它们的具体内容，即使撤去无知之幕，也不能排列人们的"好"的观念的次序，并据此有差别地对待持不同"好"观念的人。这就排除了社会将特定宗教信仰、特定职业和特定生活方式等视为优于其他者的可能，进而保障了正义二原则不受歧视现象的侵害。能够形成"好"的观念（加上起码的正义感能力）就足以构成平等对待的基础了，而无须考虑"好"观念的具体内容。（2）对正义感的要求也是起码的，这是指对一种最低限度的正义感能力的要求。罗尔斯以康德"道德存在物"的观点表达这一要求，即人只有按照"义务的动机（motive of duty）"，而非"倾向的动机（motive of inclination）"行为时，人才有自由和道德可言，人才能作为有别于只服从自然律的其他存在物而存在的道德主体，只不过此处作为人们义务来源的规范，在此并非"绝对命令（categorical imperative）"，而是人们在原初状态中一致同意的正义原则。①

其次，在选择经济正义法理原则的各方都是有理性的，他们的理性是和他们的"好"的观念结合在一起的，不仅体现为他们能形成自己的"好"的观念，而且能尽可能好地采取最有效的手段来实现他的"好"的观念，推进他的利益。如此，他们就要尽可能选择那最能推进他们利益的正义原则。但在无知之幕后面，他们是不知道自己所理解的利益究竟含有哪些具体的内容，然而他们总得根据一种利益标准来进行衡量和选择。罗尔斯认为，他们是根据"基本好"，或者说"基本的社会好"来进行衡量与选择的。这些"基本的社会好"，例如自由、机会、财富、自尊基础等，是无论他们的"好"的观念是什么内容都将有助于这一"好"的观念的，至少不

---

①　Milton Fisk. the Sate and the Market in Rawls. Studies in Soviet Thought, 1985, 30: 347 - 364

会妨碍这一"好"的观念的，即使某人因为宗教或别的缘故对"好"的理解事实上不包括这些"基本好"，如不包括财富，他至少可以很方便地不要较多的财富，社会决不会强迫他要，一个人也不会因为一种较大的自由而受罪。这样，根据这种"基本好"的理论，以及道德心理学的一般事实，即人们一般都希望得到较多的"基本好"以促进他们的"好"的观念的实现，他们就能够做出一种合理的决定和选择。总之，此种理性并不表现为理性选择理论中基于具体信息的有限期待模式，而是体现为个人对他的生活有一种较为稳定的计划与安排，对某些价值与目标具有合理的渴望和追求，并且当不同的价值发生冲突时能够有序地进行排列，采取有效的手段实现上述计划与价值追求。①

最后，在有关主体的理性和动机的假设中，还有两个特殊的假定非常重要：（1）确定经济正义原则的各方是免除了妒嫉的。这样，各方关心的就是自身利益的绝对增加而不是相对增加，也就是说，不在乎他与别人的差距，而只是追求自身利益的最高值。他不会因为别人比自己拥有更多的"基本好"而妒忌不安，不会有"既不利己更不利人"的阴暗心理，他珍视自己的生活价值，并且有着牢不可破的坚定信仰。而这个假设和前述相互冷淡的假设是相合的，这意味着各方的立场是：一方面不受仁爱心或虚荣心的推动，另一方面也不受恶意、宿怨和妒嫉心的推动。他们既不想牺牲自己的利益，也不想损害他人；不寻求相互亲密，也不会相互为敌。他们只是在努力为自己寻求一种尽可能高的绝对得分，而不去希望其他人的或高或低的得分，也不寻求最大限度地增加或减少自己的成功与别人

---

① Erin M. Cline. Two Senses of Justice: Confucianism, Rawls and Comparative Political Philosophy. The Journal of Ethics, 2008, 12: 123 – 140

的成功之间的差别。（2）各方都互相知道所有各方都具有一种能建立经济正义感的能力，这是为了保证严格的服从，是为了使将订立的契约真正有约束力，从而订约各方也就是在做一件严肃、郑重的事情。他们在选择经济正义法理原则之前，能够在对原则的理解方面互相信赖；在选择原则之后，能够在对原则的遵循方面互相信任。他们就知道，这样选择决不是儿戏，他们只要做出承诺，就必须履行它们，因为他们知道别人也将履行其承诺，自己的承诺不会是徒劳的。这就使订约或选择原则成为一件十分郑重、富有意义的事情，同时也意味着，他们要考虑承诺的强度，考虑自己是否能承受得起契约将带来的对自己的约束和义务，因为一旦承诺，就意味着要严格服从。这也是保障人们达成正义原则的必要条件，因为这种人们对彼此正义感充分信任的假定，摈弃了人们在缔约过程中的猜忌，消除了人们对所选之正义原则是否能够得到遵守而进行的博弈过程，排除了因风险规避态度所引起的对正义原则的不合理影响。

罗尔斯所设计的原初状态是为了引出两个正义原则，同时也就是对这两个正义原则的契约论论证。而这种论证的核心就是要使原初状态体现出公平，只有在公平的原初状态下所选择的正义原则才是正确的原则。这与我们追求的经济宪政正义也是不谋而合的，体现经济宪政正义的最重要因素有三个：各方的自由和平等的地位；各方在试图最有效地推进其"好"的观念的过程中所表现出来的工具理性；无知之幕。它们都意味着公平，意味着类似和平等，意味着意见一致的可能性。其中，无知之幕这一假设使原初状态完全变成了理性的推演与虚拟，不具有任何历史和现实的因素，但也正是这一假设将订约各方的特异性剔除出来进而抽象成为一般的人，妨碍经济正义法理原则选择以及一致意见达成的一切偶然因素都被排除。这种情况下达成的契约已与现实世界中的契约完全不同，对正义原则的选择与其说是在各方之间的平衡，还不如说是在一个人脑海里自己进行的博弈。

我们认为，只有这样才能选择正确的经济正义法理原则，理由有二。其一，只有通过契约进路才能引出公平正义的结果。罗尔斯放弃实证进路而选择契约进路，因为契约进路更加强调理性，更加注重探求最高价值，只要缔约状态的各种条件能够地予以良好界定，能够更为符合一般的道德心理常识，那么它所推导出来的原则就更为合理和更具有普适意义的，更为重要的是，契约理论的核心在于缔约者对所缔结之契约的"一致同意"，而"一致同意"的力量在于其不仅本身就能够证明同意对象的合理性，还能够充分表达出同意对象对承诺者的道德约束力和承诺者对承诺对象的情感和信任。其二，只有从公平的原初状态才能引出公平正义的结果。各方不再能把原则剪裁得适合自己的特殊利益的根本保证是：他们根本就不知道自己的特殊利益是什么，所选择的原则将确保不受到特殊的爱好、志趣及个人价值观的影响。我们甚至可以说无知之幕使第一个和第二个条件都失去了意义了，因为这里实际上已不是许多人在商讨、建立、辩论和选择，而是一种普遍、抽象、无涉具体知识的理性在运行。

3.1.1.2 价值性条件：经济自由

自由是所有表达人们内在需求的最光辉、最神圣的字眼，要求自由的欲望乃是人类根深蒂固的一种欲望，"在一个正义的法律制度所必须予以充分考虑的人的需要中，自由占有一个显要的位置"①，《世界人权宣言》第一条就明确指出，人人生而自由，在尊严和权利

---

① ［美］博登海默：《法理学：法律哲学与法律方法》，邓正来译，北京：中国政法大学出版社，2004 年版，第 293 页。

上一律平等。法律意义上的自由，是指一定国家的公民或社会团体在国家权力所允许的范围内实行活动的能力，是受到法律约束并得到法律保障的，遵从自己意志的指示而行为的权利①。正如孟德斯鸠所言，存在法律的社会里，自由当是做自己应做之事，而不能有任何违背本性的强迫，同时，只有法律所许可的才是自由的，如果能做法律禁止之事，那就不再自由，因为他人也有同样权利。[62]自由通过法律的方式将个人的自由意志升华为国家意志，通过法律规定，确定各种自由的具体范围；利用法律提供个人选择的机会，增加自由选择的效能；同时，利用国家的强制力使自由免受非法侵犯，并不被滥用。国家法律的强制力将自由这种神圣的应有权利转化为一种法定的权利。人人应当享有的最基本，且被法律强制力保障的自由是经济正义法理原则的必要前提。②

经济正义法理原则中的自由是一种动态、系统的自由，罗尔斯在《正义论》中也没有对自由直接定义，而是利用自由的行动者、自由行动者所摆脱的种种限制和束缚、自由行动者自由决定去做或不做的事情三个要素来描述自由：这个或那个人（或一些人）自由地（或不自由地）免除这种或那种限制（或一组限制）而这样做（或不这样做）[10]。他认为，各种基本自由必须被看成是一个整体或一个体系，一种自由在正常情况下依赖于对其他自由的规定。各种基本自由之间互相衔接，互相依存，失去或剥夺某种自由，必然影响其他自由权利的行使。马克思也曾说："自由的每一种形式都制约着另一种形式，正像身体的这一部分制约着另一部分一样。只要某

① 付子堂:《法理学进阶》，北京：法律出版社 2005 年版，第 131 页。
② Thomas Nagel. The Problem of Global Justice. hilosophy and Public A？airs, 2005, 35：125 – 139

一种自由成了问题，那么，整个自由都成问题"①。经济宪政正义中的各项自由权利乃是一个统一整体，一种自由的短缺必然引起另一种自由的匮乏，任何人必须为了某些自由而放弃另一些自由。

同时，经济正义法理原则中的自由是人类历史活动的产物，并非上帝的恩赐。首先，自由受到社会的物质生活条件（即生产方式、地理环境、人口状况等）、经济生活条件、道德意识、风俗习惯等因素的限制，"权利决不能超出社会的经济结构以及由经济结构制约的社会的文化发展"。其次，自由受限于行为人自身的利益，对于每个人来说，自由就是在法律许可的范围内，随心所欲地处置和安排其人身、财产以及行动的自由，人类数千年的文明历程早已证明，"哪里没有法律，哪里就没有自由"②，如禁止吸毒和赌博。最后，自由还受限于社会及他人的利益。自由就是从事一切对别人没有害处的活动的权利，允许个人有绝对的自由，必然会侵害他人的自由，美国最高法院法官霍尔姆斯曾指出，"最大的言论自由也不保障任何人在戏院中有诳呼'失火'造成大家惊慌奔逃的自由"③。

人们往往因为客观方面和主观方面等各种原因，使应当平等享有的经济自由得到不平等的对待，自由的平等权利和自由的平等价值并非完全同步的。罗尔斯的第一个正义原则是：所有人都应平等地享有最广泛的基本自由，但此种自由以不妨碍他人同等自由为限，简单地说，即平等自由的原则。但是，享有平等自由的资格并不等同于享有平等自由的能力，实际上并不是所有人都具备享有基本自

---

① 《马克思恩格斯全集》（第1卷），北京：人民出版社，1995年版，第201页。
② ［英］洛克：《政府论》（下篇），叶启芳、瞿菊农译，北京：商务印书馆1983年版，第36页。
③ 杨正旭："美国宪法上的言论自由并非绝对的权利——以联邦法院判例举证"，香港《中正日报》1986年5月26-28日。

由的手段，能够完全同等的实际使用基本自由，他们只是权利上的平等。罗尔斯指出，第一正义原则只要求基本自由被平等地分配给每一个人，并不考虑使用自由的能力问题，虽然有些人由于自然条件和社会条件的限制如残疾、无知、贫困等等不能充分利用基本自由，但这并不能说明他们的基本自由被剥夺或限制，而只能说他们自由的价值被降低了。

经济自由体现于平等公民权的整个自由体系，它们对所有人都是一视同仁且没有任何差别的；而自由的价值则与个人在自由体系所规定的框架内促进他们目标的手段及能力成正比例，对不同的人来说就是不一样、有差别的。但是，每个人都有其之所以被称之为"人"的价值规定性，这种价值规定性尊重人的个性独立和发展，鼓励其参与社会文明的创造，基于此种规定性，每个人通过在社会分工结构中的劳动贡献，一方面获取了生活所需的基本物质资料，另一方面确立了个性化的社会交往关系，丰富了自身的内在精神生活，满足了自我价值的社会实现。由此，个体发展出在社会生活中的无限面向与可能，从而在社会的历史进程中展现出自身人格与尊严的强大力量与独特意境。"生活应当有多种不同的试验；对于各式各样的性格只要他人没有损害应当给以自由发展的余地；不同生活方式的价值应当予以实践的证明，只要有人认为宜于一试"，① 因此，经济宪政自由的界限只在于不让自己成为别人经济自由的妨碍。

作为平等的经济自由，对所有人来说都是一样的，不会产生补偿问题。但是，经济自由的价值对每个人来说差别较大，拥有较大权威和财富的人具有达到他们目的的较多手段，而拥有较少权威和财富的人拥有达到他们目的的手段却较少。在现实生活中我们会发

---

① ［英］密尔：《论自由》，许宝骙译，北京：商务印书馆，2007 年版，第 66 页。

现有些人没有个性和尊严，例如现实生活中完全放弃人格尊严的人，对这些人我们需要严肃思考阻碍其自由价值实现的社会原因。马克思认为，要把实现人的价值作为社会存在的前提与基础，要通过公平的资源配置、良好的社会秩序、多样化的社会文化，激活每一个人的内在天性，促进每个人个性的确立与完满，使得每个人在对自身价值的不断超越中感受到生命的"美感"，同时也使得社会在每个个体的自我超越中得以获得文明的进步，实现和谐与繁荣。① 罗尔斯提出，针对那些拥有较小价值的自由应当得到补偿，较大价值与较小价值之间的这种差别可由第二正义原则尤其是"差别原则"予以缩小，因为这一原则强调财富和收入的分配要合符"最少受惠者"的最大利益，所以能够有效补偿那些拥有较小价值的自由，以提升较弱者的自由价值水平。这样，经济的自由平等原则就顺利地转向了经济的差别原则。

改善最不利者的经济生活水准对于提升他们享有经济自由的真实能力具有重要的现实意义。罗尔斯是从自由价值的保卫以及切实提供给所有人以实现自由的手段这个方面来阐明第二原则的必要性的，那么处理经济利益和机会的第二正义原则显然有一种次要于第一正义原则、次要于平等的自由的含义。这还意味着提高社会最不利者和最弱势者的经济生活水平，并不只是为了改善经济生活而改善经济生活，还有一种希望他们能运用这些物质手段去享有基本经济自由的目的。②

① 张子礼，邓晓臻："从权利到价值：马克思对现代社会理念的批判与重建"，载《东岳论丛》2010年第6期，第164页。
② Dan Usher. Rawls, Rules and Objectives: A Critique of the Two Principles of Justice. Constitutional Political Economy, 1996, 7: 103-126

3.1.2 作为基础的平等原则

作为基础的平等原则应当从如下两个方面去理解：一是"自由平等"的基础性，即平等作为实现自由价值的基础而存在，自由的平等具有根本地位和优先地位。二是最终要实现的价值是为了达到平等的自由；政治自由不能允许任何不平等的安排，而社会和经济的自由客观上存在不平等，但这种不平等应当通过相应的安排而向平等完善，平等的自由才是根本目的。

3.1.2.1 自由平等的基础性

所谓基础性，是指事物发展的根本或起点，它包含两层意思：一是事物存在发展的根本要素，是某事物之所以成为该事物的元原因；二是具有优先性，即与其他权利发生冲突或矛盾时，具有优先适用性。经济宪政的基本自由体系应当包含四个方面的内容：一是思想及良心的自由；二是政治自由，即选举与被选举担任国家公职的权利以及言论、集会、结社自由；三是人身自由及财产权利，也即非经合法程序不得被任意逮捕和剥夺财产的权利；四是由经济正义法理原则所规定的其他自由权利。

良心和信念的自由即意味着每个人都有权利形成自己有关什么是"好"、什么是"最好"的看法，而这种形成"好"观念的能力不仅是促进个人之"好"的手段，而且体现着人自律自决的理性存在的本质，所以它既是手段又是目的，要保护这种能力的充分自由发展，就必须优先保护良心和信念的自由。至于平等的政治自由的优先性，则来自它的功能作用以及它在社会制度中的基本地位；而思想自由与结社自由，则可以说是保障其他基本自由（如良心自由和政治自由）的不可缺少的制度性条件。密尔认为，对思想的压制和言论的限制的罪恶之处在于，它是对人类文明的掠夺，因为如果

82

被限制的言论是对的，那么我们是被剥夺了获知真理的机会；倘若被限制的言论的是错的，那么我们无疑也失去了同样大的利益，那就是通过真理与错误的交锋、辩论、冲突而产生的对于真理更加深切和生动的认知。① 因而，在人类的心灵还没有达到最完善的情况下，真理是需要有分歧的意见的，这也是经济正义法理原则必不可少的条件之一。

经济宪政的自由体系是一种低调的、弱式意义上的自由主义，只阐述那些最基本的问题，以政治为其中心应用范围、以道德为其核心内容。与多种音调、相对强势的自由主义不同，经济宪政的自由体系在制度必须保障每个人的平等的基本自由或权利，个人亦应当负担某种保障他人同等自由的义务或具有一种合理宽容的态度。经济宪政的自由体系只解决道德底线问题，它提供了一种发展的平台，鼓励个人或自愿结合的团体来追求自己的更高目标，它放开更高、更广阔的领域让人们去试验、创新和冒险，它主张自由和宽容，可以和许多承认其基本原则的价值体系结合为各种广泛的自由主义理论，承认和容纳各种合理的非自由主义体系与其竞争。

经济宪政的自由体系应当是以某个中心为应用范围、相容且具有位阶性的。在罗尔斯主张的基本自由体系中，每种基本自由都有一个"中心应用范围"，这种应用范围的制度保障是作为自由和平等个人的公民的两种道德力量的充分训练和恰当发展的一个条件。一方面，这些基本自由是能够相容，它们应用的中心范围内得以如此；另一方面，这些基本自由并非是同等重要，或者说因为同样的理由而受到珍视的。古代雅典人珍视政治自由胜过良心及思想的自由，

---

① ［英］密尔：《论自由》，许宝骙译，北京：商务印书馆，2007年版，第19－20页。

而近现代则把后者放在一个更加重要的地位上，政治自由只被当做其他自由的一种保障手段。

作为经济宪政的自由观应当联系社会制度的公开规范体系，联系宪法和法律来谈论自由，作为基本和普遍的自由，这些自由是由制度来规定和保障的，主要是通过国家、法律和政治机构来实现。罗尔斯把他的自由主义称之为"政治自由主义"，强调政治制度应当安排得能够保障所有人的平等自由才算正义，以及个人也负有相应的公民义务，这也许不是道德的全部内容，但却是现代社会最核心和最要紧的道德。自由不仅不是为所欲为，不是指所有机会和行动空间，而且是紧密地和约束联系在一起的。这里所说的"自由"，也即宪法和法律规范所确定的自由和权利，在此自由是社会形式的某种样式，是制度的某种结构，是规定权利和义务的公开规范体系。例如，法律规定了言论的自由，当一个人能够自由地发表言论表达对于社会的看法，而他人也有不得非法干预的义务时，那么这个人就享有了言论自由。保障所有社会成员的平等的基本自由体现了所有广泛的自由主义流派的底线和基本共识。但是，这种自由在内容方面，它们不是所有的自由，而只是那些基本的自由；从应用对象或外部来看，它们是对所有人平等的自由，任何一个人都可以享有自由，但也要受别人同等自由的限制。

经济宪政平等的基础性同样还表现在经济宪政自由平等的优先性上。罗尔斯认为，两个正义原则应当以词典式次序排列，只有在满足了第一正义原则所处理的平等基本自由之后，才能满足第二正义原则所处理的社会经济利益分配，不能够因为较大的经济利益而侵害到公民对上述基本自由的平等权利，正义不认为以更大的社会利益为名剥夺一部分人的自由是正当的做法，更不承认多数人所获得的利益在整体上能够补偿少数人被强加的牺牲。因此，在一个经济正义的社会里，平等的基本自由是一个"确获保障的私域"，具有确定不移的性质，绝不允许政治交易或社会利益对其进行任何的功利权衡。使我们忍受一种经济不正义只能是在需要用它来避免另一种更大的经济不正义的情况下才有可能。在基本权利与功利这两者之间是不允许进行交换的，财富和收入的分配方式，以及权力地位的差别制度，必须同时符合平等公民的经济自由和机会的自由。

在经济正义法理原则体系里，所有的价值观念并不是在同一位置，人们为什么会接受某个正义原则，并同意它优先于另一个正义原则呢？我们认为，社会合作总是为了相互利益而进行的，这意味着它涉及到两个因素：第一个是一种共享的有关社会合作的公平条件的观念；另一个因素则是指每个参加者的合理利益。有关合作的公平条件的观念应当是共享的、一致的，而有关每个成员自身合理利益的观点则是有广泛差异的。社会的统一性不是在于后者，而是在于前者，即在于所有个人都同意合作的公平条件。合作的公平条件的观念有赖于合作活动本身的性质，这种合作涉及社会基本制度的合作，而基本制度显然就要为一种旨在实现人生所有基本目标的自足的合作提供一种结构。

把个人理解为能够在其一生中成为社会的正常和充分合作的成员，并赋予他们两种道德人格的力量：一种是建立一种正当和正义感的能力，这种能力即尊重合作的公平条件；另一种是形成一种有关什么是"好"的观念的能力，即一个人能够形成自己的合理价值观。选择经济正义法理原则的各方虽然不知道他们离开无知之幕后会有怎样的人生计划，但却知道他们的人生计划肯定是不同的，是多种多样的。他们都不会愿意被迫放弃自己的生活计划，因为这种自律、自决正是他们作为人的道德本性之所在，是体现他们的尊严之所在，是他们人生最根本的目的和利益。同时，个人能力的发展、个人需求的满足、个人意识的外化应该是自由的，唯有如此才能促成人的全面发展，并确立个性化的人格。总之，人的价值的发展、丰富和实现应该是自由的，从而使人的感性活动呈现为持续的审美意境。于是，为了确保这些目标得到实现，各方便会给予平等自由原则以优先性。自由便不再是和其他"基本好"处在同一层次上进行比较，因为没有自由，自律便得不到保证。这样"基本好"的说明也因而改变，它们被视为"基本好"，不是基于历史性的经验调查，而是被发现对所有的人生计划都有用，是发展人的自律能力的必要条件。

经济宪政的自由原则也是有限制的，只存在于现实的合理有利条件之下。罗尔斯也承认自由的优先性只是在"合理有利的条件下"才适用，即在能够使这些自由有效地实行的条件下才要求这种优先性。而这些条件是由一个社会的文化及其传统，它在管理制度中所获得的技能以及它的经济发展水平等因素决定的。而且，这种经济发展水平的条件并不要求很高，更不能以这种条件尚不完全具备为借口而长久拖延对人们基本自由的保障。人毕竟是一种具有理性的高级动物，不满足于有饭吃、有衣穿，如果一个社会始终停留在这一水平上而沾沾自喜，那将会是对人的一种侮辱。

3.1.2.2 平等的自由

经济正义法理原则的平等性是一种平等的自由，没有平等的自由只能是一部分人享受自由而另一部分人没有自由。正如博登海默所指出的，平等是一个具有多重涵义的复合概念，平等既可以指向政治参与领域也可以指向收入分配领域，还可以是弱势群体的社会、法律地位，它的范围涵盖了社会机会的平等、法律待遇的平等以及基本需求满足的平等。[74] 依此进路：经济正义法理原则所提倡的平等包含两层基本的意思：一是在政治领域的平等，即制定经济规则的平等权利，即自由的平等原则；二是在经济领域的平等，即机会的平等原则。

真正的社会自由总是意味着平等的自由，这些基本自由是平等地为所有社会成员享有的。例如，在政治参与的自由方面，每个公民都有选举和被选举的权利，在制定经济规则时，每个人在表决中都是享有平等的一票。马克思主义认为，"平等是人在实践领域中对自身的意识，也就是意识到别人是和自己平等的人，人把别人当作和自己平等的人来对待。一切人，或至少是一个国家的一切公民，或一个社会的一切成员，都应当有平等的政治地位和社会地位。[75]罗尔斯认为，自由如果不被"平等"严格限制，那么每个人就会自行其是，从而导致道德沦丧、社会分裂的无政府状态，又或者走向披着自由外衣的专制社会，被君主或贵族所统治。所以第一个原则与其说是平等的原则，不如说是自由的原则，而如果加上罗尔斯的自由优先性规则，情况就更是如此了。① 罗尔斯把自由提到了一个理想的高度，自由作为人类的一种"基本社会好"，优先于人类所有的其他"基本社会好"。

平等是经济正义法理原则的应有之义，没有平等也就谈不上经济宪政正义。然而，平等并不意味着所有人实际上都享受这些经济自由的手段，能够在同等的程度上和范围内使用这些经济自由，他们只是在权利上平等的。② 平等的经济自由原则只是要求那些确定基本经济自由的制度规范平等地适用于每一个人，在这些规范面前人人平等。这种平等同样也意味着经济自由不可能是为所欲为，一

---

① John Rawls. Justice as Fairness: Political not Metaphysical. Philosophy and Public Affairs, 1986, 15: 223 – 251

② Harry Brighouse. Political Equality in Justice as Fairness. Philosophical Studies, 1997, 86: 155 – 184

个人的经济自由必然要受到另一个人的同等经济自由的限制。但是，自由只能为了自由的缘故而被限制：一种不够广泛的自由必须加强由所有人分享的完整自由体系；一种不够平等的自由必须可以为那些拥有较少自由的公民所接受。[10]也就是说，限制经济宪政自由不能根据福利、效率等理由，而只能根据经济宪政自由的理由，经济宪政自由只能因其本身而被限制。

现实情况中，人们由于种种原因在享有不平等的经济自由时，他们经济自由的价值就降低了。有些人由于贫穷、无知和缺乏一般意义上的手段，不能充分利用他们自己的经济自由，这并不意味着限制了他们的经济自由，而只是降低了他们经济自由的价值。在此，平等的主体不是超社会、超历史的抽象人，而是处于具体社会历史境遇中展开他们的社会生活的人。每个人的能力各不相同，具有不同的结构和发展方向；每个人的生理特性、基于其特殊的生活历程所形成的嗜好、趣味各不相同；每个人的需要也都有不同的内容和倾向。此外，每个人实现目标的手段、途径也各不相同，由此，每个人的经济自由价值实现也不是在同一水平。

同时，我们必须把经济正义法理原则所型构的自由看作是一个整体或一个体系，由于各种基本经济自由是必然要相互冲突的，宪政经济规范就必须设法将它们整合为一个和谐共存的有机整体。任何基本经济自由都不是绝对而不受限制的，它不仅要受制于那些有助其自身内容顺利实现的程序性规则，而且要受到其他种类基本自由的影响、限制乃至否定。比如，言论自由不是在议会辩论中想说什么就说什么、想什么时候发言就什么时候发言的自由，为了确保会场秩序以实现所有在场者的言论自由，就必须服从一定的程序规则。同时，议会辩论中的言论自由在内容上也要受到一定限制，比方说若用语言进行人身侮辱和攻击，就可能因侵害到别人的人身自由而受到禁止。

平等的自由原则在政治程序中表现为平等的参与原则，参与原则要求所有公民都能平等参与经济立宪过程，在选择自己将要受到何种基本经济规范约束的问题上平等地表达自己的意愿。由于即便是内容正义的宪法，也可能是一种不完善的程序正义，所以真正正义的宪法首先是具有正义程序的宪法，这种正义程序能够从根本上确保平等自由要求的实现，并且经由这种程序能够产生出比其他制度安排更为正义和有效的法律制度。如果国家要对某一领域行使决定性的强制权力，并且要以这种方式永久性地影响一个人的生活前景的话，那么立宪过程就应该在切实可行的范围内维持平等代表制，即每个人都公正地被代表。

决定基本社会政策的权力存在于一个由选民定期选举，并绝对向选民负责的代表机构中，这个代表机构是一个有权制定经济法律的立法机关，而不简单地是一个社会各阶层代表组成的、由行政部门来向其解释自己的行动并探察公共意向的论坛。经济宪法可以从多方面来约束立法机构，规定立法机构的行为。但是，在必要的时候，选民中的一个稳固的多数可通过适当的途径来修改经济宪法而达到他们的目的。某些基本自由，特别是言论、集会、结社的自由受到经济宪法的坚决保护。

政治自由中的"参与原则"应当考虑三个方面：首先，经济自由的意义问题。这就是每一个有选举权的人都有一张选票，每张选票在决定选举结果中具有大致相同的份量。假设每个选区有其代表，还要求立法成员代表相同数量的选民。同时，这个规则还要求必须根据由经济宪法事先规定的、并由一个公正程序尽可能实行的某些一般标准来划分选区，因为不公正地划分选区会大大影响选票的份量。政党不能为了自己的利益而按照选票的统计来调整区域划分，当然，引进某些随机因素可能是必需的，因为设计选区的标准在某种程度上无疑是任意的，不可能有其它的公平方法来处理这些偶然性。参与原则要求所有公民至少在形式上应当具有进入公职的平等途径。为了获得竞选资格，每个人都有权参加各种政党，加入政党可能存在着年龄、居住年限等限制条件，但这些条件只与职位的任务有关，限制的目的只是为了公共利益，而不是因为不公平地歧视某些人及其团体。

其次，经济自由的范围。经济宪政正义中经济自由的范围应当由经济宪法确定。罗尔斯认为，平等的政治自由范围的主要变化在于宪法在多大程度上是由多数人裁决的，最广泛的政治自由就是由这种宪法确定的，它为了使任何有意义的政治决定都不受到某些宪法约束的阻碍，使用了所谓纯粹多数裁决规则的程序（在这种程序中，少数既不能忽视也不能阻止多数）。每当宪法由于某些类型的议案要求一个较大的多数或者由于要用一种权利法案来限制立法机关的权力，而限制了多数的范围和权力时，平等的自由就具有较小的广泛性。立宪主义的传统设置，例如两院制的立法、约束和平衡交融在一起的权力分立、法院复审的权利法案等都限制了参与原则的范围。然而，如果同样的限制适用于每个人，并且所采用的约束在任何时候都倾向于平等地降临到社会的各个阶层，那么这些安排是与平等的经济自由相一致的。①

最后，政治自由的价值问题。经济宪法必须采取一些措施来提高社会所有成员参与经济平等权利的价值，必须确保一种参与、影响经济过程的公平机会。从理论上说，具有基本相同天赋和条件的

---

① Richard J. Arneson. Against Rawlsian Equality of Opportunity. Philosophical Studies, 1999, 93: 77 – 112

人，不管其出身、地位如何，都应该享有同等的经济权利。一个民
主社会以思想、言论、集会自由为基础，如果要以合理的方式处理
政治经济事务，这些制度亦是必需的。纵然这些制度没有完全能够
保障所有的合理性，但若无它们，则比较合理的政策方针即便不被
特殊利益所掩盖，也必定会被忽略。所有的公民都应有了解经济事
务的渠道，他们应该能够评价那些影响他们福利的提案和推进公共
善观念的政策。[1] 此外，他们应有一种公平的机会把一些替换的提
案补充到经济讨论的议事日程中去。每当具有较多个人手段的人被
允许使用它们的优势来控制公共讨论的过程时，由经济参与原则所
保护的这些经济自由就失去了许多价值。因为这些不平等最终使处
境较好的人对经济立法进程施加较大的影响，他们就有可能在那些
支持他们的有利地位的问题上，取得压倒一切的影响力。

　　于是，为了所有人的平等与经济自由，就必须采取补偿性的制
度来保护公平的价值。例如在一个生产资料私有制社会中，财产和
财富被广泛地分配，政府定期地提供费用以鼓励自由公开的讨论。
另外，通过分配给各政党足够的经费，使它们不受私人经济利益的
支配，从而在宪法经济制度中发挥它们的作用。如果社会不负担这
些经费，转而依赖于社会和经济方面较有利者，那么这些有利集团
的要求必定会受到更大的注意。公共财富没有被用来维持那些经济
自由的公平价值时，民主经济过程无非只是一种受控制的不自由的
竞争而已。一旦经济集权在事实上形成，那么既得利益者就会设法
通过对经济立法的影响将其利益法律化，这种制度化的不平等无疑
会使得任何追求经济平等的努力成为虚幻。

---

　　① Bengt – Arne Wickstrom. Economic justice and economic power: An inquiry into dis-
　　　　tributive justice and political stability. Public Choice, 1984, 43: 225 – 249

　　通过提出公共善的观点和旨在实现社会目标的政策，竞争各方在确保经济自由的公平价值的思想自由、集会自由的背景下，按照经济正义程序的规则来寻求公民的一致同意。参与原则迫使当权者关心选民的现实利益。诚然，代表们不仅仅是他们选区的代理人，因为他们有某种辨别力，他们被期望在制定经济规则中运用他们的判断。不过，在一个组织良好的社会中，他们必须在实质意义上代表他们的选区：（1）他们必须设法通过正义的、有效的立法，因为这种立法是公民在经济上的首要利益。（2）只要选民的其它利益和正义相容，他们就必须追求这些利益。经济正义法理原则是用来评判代表的工作记录和他所给出的辩护理由的主要标准之一。既然经济宪法是社会经济结构的基础，并且是用来调整和控制其它制度的最高层次的规范体系，那么每个人便都有同样的途径进入经济宪法所建立的经济程序中。当参与原则被满足时，所有人就都具有平等公民的相同地位。

　　当然，参与原则具有普遍性，而这种普遍性规则也是在布坎南通过对一致同意规则、超多数裁定规则进行修改后，并考虑到决策最佳效果的条件下而在晚年提出的。事实上，这一原则适用于其他各种制度。它不规定一个公民权利和义务的理想蓝图，也没有要求所有人都负有积极参加经济事务的义务。相反，最重要的是经济宪法应采取切实措施保障公民参与公共经济事务的平等权利与自由。虽然在一个成熟的法治良好的社会里并不是所有人都以经济事务为业，因为人类生活还有许多其他重要的方面，但从事公共经济事务的人一定是平等地来自于社会各个阶层，他们作为所在阶层和集团的积极代表关注着涉及他们自身利益的经济事务。

　　在完全、充分竞争的市场经济条件下，经济宪政正义就意味着，所有人的权利都是平等的，所有的地位与职务向所有的人开放，只要有人愿意和能够去争取它们，社会应当保障他们实现自己的权利。罗尔斯在第二正义原则中提出了机会平等原则：一种是"惟才是举"的"前途的平等"；一种是"作为公平机会"的平等。所谓"惟才是举"的"前途的平等"，就是在确保市场自由和政治民主的制度背景下，在每个人都享有基本经济自由的前提下，社会所有的地位和职务都向那些有能力并且希望去争取的人开放，每个人都能遵循自己的意愿且具有同等的权利去竞争所有有利的社会职位。在此，在获得更好人生发展条件的权利上每个人都是平等的，各种前途和机会向社会上的各种才能同等开放，至于结果如何，机会是否能够同等地为人所利用，则任其自然，只要严格遵循了地位不封闭原则或开放原则，就可以说这一结果是正义的。

但是，由于每个人的自然禀赋各不相同，而且禀赋的发挥和拓展也容易受到各种社会因素的影响，即便是禀赋相同的个体，也可能由于家庭出身或社会地位的差异而导致获取机会的失衡。因此，各种职务和地位的分配就极易受到自然及社会中的偶然因素的双重影响。而这两种因素从道德的观点来看都可以说是任意和专横的。所以，罗尔斯又提出了"机会的公平平等"原则，即各种地位不仅要在一种形式的意义上开放，而且应使所有人都有平等的机会达到它们。不管是在社会的哪个领域，对那些禀赋、能力相似的人来说，都应有基本同等的受教育条件和成就人生的机会，应当将社会出身对他们的影响降至最低。[10]那些有着类似能力或才干的人也应当有类似的生活机会，有类似的前景，有类似的手段和资源去达到他们所期冀的各种地位和职务，而不管他们的出生、阶层、收入、地位等一切与自然和社会偶然因素有关的东西。而只有这种机会的平等能打破个人先天由出身所导致的"起点差异"，并且能在一定程度上破除由"既得利益者"的利益继承所导致的社会资源与财富的进一步集中化。使得机会平等原则不被几代先期能力强的人所垄断，使努力与进取能一直沿着机会的公平平等而在社会经济生活中延续。

　　经济机会的公平平等原则较之机会的形式平等更符合正义的要求，它基本上将自然和社会的偶然因素剔除出了社会职务的选拔过程中，使得天赋相同的个体不会因阶层和出生而导致人生发展的机会受限。比如说在全社会实施完全免费或者国家补助的教育制度，使得穷人和富人的儿童能够享有同等质量的教育，不至于因为贫穷而被迫失去教育机会，从而也失去以后达到他们凭最初天赋本来可达到的地位和职务。罗尔斯认为，公平的机会原则为我们如何达致正义结果指明了道路，它使得社会基本结构满足了"纯粹的程序正义"① 的要求，也就是说在平等的基本自由得以确立后，我们无需考虑如何分配权利和资源才是正义的，无需通过一个外在的标准来断定分配结果是否符合正义的实质性要求，而只需建立一个能确保分配正义的合理程序，这个程序通过建立全民免费义务教育等制度实现经济机会的公平平等。在平等的基本自由和公平的经济机会得以实现后，整个社会会自然倾向满足"差别原则"，即：通过对最少受惠者利益的优先满足来达致尽量公平的正义结果。总之，"纯粹的程序正义"使得人们不必受制于对个体复杂状况和特殊情境的困难考量，而只是从一种普遍的观点判断社会基本经济结构的安排。

　　然而，经济机会的公平平等原则只是摆脱了存在于社会中的偶然因素的影响，财富和收入的分配、地位与职务的获得仍然在一定

---

　　① 　根据程序正义的两个主要参照因素：一是看对何为正义的结果（或公平的分配）有没有一个独立的标准；二是看有没有一个可保证达到正义结果的可行程序（即使不知道这结果实际是什么，或没有判断一个结果是否正义的独立标准）可以划分出三种程序的正义：有标准，有程序——完善的程序正义；有标准，无程序——不完善的程序正义；无标准，有程序——纯粹的程序正义。

程度上取决于自然禀赋的高低。在基本自由平等的背景下，天赋更高者往往有更强的能力和更大的机会获得较高职务和地位，获得较多的经济利益。罗尔斯认为，剔除社会中偶然因素对个体的影响是远远不够的，还需要重视自然偶然因素的影响。正如每个人的收入和财富不能由出身及地位决定一样，也没有理由让智力、体力等自然禀赋因素来决定。况且，由于自然偶然因素与社会偶然因素紧密相关，不减轻前者对收入和财富的影响，那么后者的影响也无法完全根除。另一方面，只要家庭这种社会结合的形式存在，消除后天社会性偶然因素影响的公平机会原则实际上也不可能完全地实行。因此，仅仅接受经济机会的公平平等原则就还是不够的，还必须把这一原则与一种有助于同时减轻自然偶然因素对分配的影响的经济差别原则联系起来。

3.1.3　作为补充的差别原则

经济正义法理原则的对象或主题是社会的基本经济结构，或更准确地说，是社会主要经济制度分配基本经济权利和义务，决定由社会合作产生的经济利益之划分的方式。而所谓主要制度，又是指政治结构（国家）及主要的经济和社会安排，如宪法、基础法律体系、市场、所有制和家庭等。罗尔斯认为，两个正义原则就可以说是应用于社会主要功能的，就是要分配基本的权利和义务、利益和负担。[68]

由于社会地位与经济利益方面不可避免地存在着诸多不同，每个人享有权利的能力不同，其自由的价值也存在区别，作为正义的经济宪政制度，应当为这种区别或差异确定范围，即在什么条件下允许这种经济差别存在。罗尔斯不允许第一正义原则在基本自由的享有上出现差别，而承认第二正义原则在经济利益和社会地位方面存在的某些差别，说明他要求的并不是绝对的无限制的平等，而是将给这些不可避免的不平等限定在一定范围内，即强调什么条件下的什么样的差别才是被正义允许的。经济差别原则看上去是为经济不平等的合理性进行辩护，但实际上，这一原则是希望通过对某些不可避免的经济差别的限制，从而尽量扩大平等和缩小经济的差距，这也是正义差别原则的根本宗旨和真实动机。

差别原则的目的就是要以一种与效率原则相容的方式超越效率原则，它挑选出社会最弱者，并以最弱者的利益为标准来分配权利，而不仅仅是停留在模糊的"对所有人有利"的那种效率标准上。这样，经济差别原则与形式的经济机会平等的结合就引出"自然的贵族制"的观念。在此，除了形式的经济机会平等所要求的以外，不再作任何调节社会的偶然因素的努力，但却满足调节偶然因素的差别原则。我们要注意，此处的"贵族制"只是一种借用，并非历史上的那种以血缘为基础的封建贵族制，这种"贵族地位"形式上是向所有人开放的，任何人都可以达到这一地位，它不是封闭的，说它"贵族制"仅在于强调这种解释不作任何缩小社会差别、改变社会条件以达到机会的公平平等的努力。但是，按照经济差别原则，具有较高自然禀赋的人们的利益将被限制在有助于社会的较贫困部分的范围之内，他们必须通过为下层谋利而为自己带来利益，对他们的较好境况的辩护只能是：如果使他们的地位和生活水平降低，那些居于下层的人们的生活会更糟糕。因此，这种"贵族制"的经济差别需要通过它是否是对最不利者最有利的经济条件来证明其正当性。

经济差别原则与经济机会的公平平等结合就引出了罗尔斯的"民主的解释"，这一解释也就正式和最后地构成了他的第二正义原则："社会的和经济的不平等应这样安排，使它们：（1）适合于最少受惠者的最大利益；（2）依系于在机会公平平等的条件下职务和地位向所有人开放。"罗尔斯认为，以最少受惠者的最大利益为标准来判断社会基本经济结构的不平等安排是否正义的做法，消除了"对所有人有利"这种标准的泛泛而谈性和模糊性。经济权利的不平等分配只有在合乎最少受惠者的最大利益的情况下才是被允许的，换言之，即社会在允许经济差别时，必须最优先考虑社会弱者的利益。

经济差别原则具有两个优点：一是对利益的衡量是通过"社会的基本好"进行的。要通过一个外在的标准判断何为最少受惠者的最大利益，就要在不同类别与地位的群体之间进行利益的衡量，这个问题由此转变为前述的关于"社会的基本好"的衡量，并且主要是"基本好"中被正义所允许的收入、财富、地位的差别的衡量，（"基本好"中的基本自由是无条件平等，不许有差别存在的）。由于上述差别最终可以通过收入水平这个指标来进行统一判断，因此相对于"功利主义"的模糊与复杂，这无疑是一种巨大的简化。二是如何鉴定相关社会地位的问题。首先，经济差别原则不是要面对所有具体的人，而只是面对一些居于不同社会地位的代表人；其次，也无须考虑最少受惠者的政治地位；再次，最少受惠者的平等公民地位也与经济差别原则无关，而只是在收入和财富方面的地位与经济差别原则相关。这样，对最少受惠者的这种经济地位的鉴定，就可以通过或是选择某一特殊收入阶层的社会地位（如不熟练工人的地位），或是通过是否达到收入平均线的一半的标准来进行。

罗尔斯认为，通过将民主因素引入正义原则的判断过程中，能将"效率原则"和"纯粹程序正义"以一种相容的方式有机结合起来，从而超越了"效率原则"和"机会的形式平等原则"的局限性。也就是说，作为平等的正义，既与"效率"一致，也与"纯粹程序"正义一致，当然，它又是优先于效率、优先于程序正义的，但它并不与它们背道而驰。民主的解释仍然忠实于一般的正义观——对所有人有利。因为各种收人阶层的利益是紧密相关的，如果提高了最底层人们的生活前景，也就会提高其上所有各层次人们的生活前景，这样就意味着差别原则还是坚持"对所有人有利"的目标，虽然在次序上它是由下而上的，反映出一种缩小差距的倾向，和一般正义观所提出的"尽量平等"的思想相合。

我们可以看出，自然的自由体系只是模糊地要求"有利于所有人"，它坚持了形式上的平等，但却并不考虑形成差别的自然禀赋和出身、地位等社会偶然因素；自由主义的解释剔除了社会偶然因素的影响，但却忽略了对自然禀赋差距的弥补；自然的贵族制虽然要求较为成功人士的利益必须立基于对较不利者利益的促进之上，但它却并未努力缩小两者在机会享有上的不平等；而民主的解释不仅通过机会的公平品等原则剔除了社会偶然因素，而且通过差别原则将每个人的自然禀赋视为社会共同体资产，实现了对社会最不利者的人文补偿和关照。在罗尔斯看来，这两个原则的结合所构成的第二原则就倾向于最大限度地提高社会的最低值，与第一正义原则一起造成一个从长远来说将拥有最大可能的平等的社会。

第二正义原则乍看起来与平等的要求并不相符，但它将不平等严格限定在经济社会领域，并且规定了一系列明确的限制条件。首先，人类社会的不平等是不可消除的，因为无论是像智力体力等自然天资，还是像家庭出身等社会禀赋，每个人与生俱来就存在差别，如果说社会差别还可通过一定的制度措施予以消除的话，那么自然天资方面的差别则很难有办法消除，即使存在这种消除的措施，人

类是否愿意采取它也是一个疑问。① 例如，即便科学技术的发展有
可能通过人为的基因配置而使所有人的天赋在出生时大致平等，人
类大概也不会愿意去采用这一技术。因为，人的才能相等以至导致
以后的生活计划千篇一律不是令人生厌吗？有差别、有各种个性及
至有高出众人之上的天才不也是人类所欣赏的吗？这里的关键不是
人为地抹杀一切差别，而是要挑选出一些合适的差别来作为标准，
并按这些标准同等地对待人们和处理分配问题。而且，社会的进步
和效益与完全平等的状态也不会投合。如果社会因此而停滞在一种
原始平等的水平线上，甚至对放开竞争后处境将最差者也是不利的，
因此，即使是彻底的平等主义者大概也不会完全否认人们之间经济
差别的合理性。

这样，正义中的平等要求并非简单粗暴地抹平一切经济差别，
而是强调对这种差别的严格限制。在正义二原则中，只有社会经济
领域（涉及地位、收入及财富）的不平等才是被允许的，而且这种
不平等还受到两个条件的严格约束，其一，社会机会必须开放且公
平、平等；其二，必须要有利于促进最少受惠者的最大利益。只有
这样才能形成一个权利平等，而且是最大限度地实现福利平等的
社会。

经济差别原则并不是简单的"劫富济贫"，罗尔斯认为整个社会
是一个"互惠互利"的合作体系，正义并不是要剥夺那些天赋异禀
或者出身优越者的所有利益，而是通过重新分配他们所应得的利益
来补偿那些天赋较低或出身较差者，因为他们的较高天赋并不意味
着是理所应得的，所以要对较不利者进行捐助以提高其福利水准。

---

① Cohen G. A.. The Pareto Argument for Inequality. Social Philosophy and Policy, 1995, 12: 160 - 185

简而言之，这种补偿与捐助不是要"损有余而补不足"，而是既"增有余"更"补不足"。① 所以差别原则所强调的与其说是社会较不利者"应得"，还不如说是社会较有利者"应给"，较不利者获得的捐助和补偿在本质上还是较有利者生产的结果，并不是本来就由较不利者创造并归他们所有的。罗尔斯认为较有利者并不应对他们的强制捐助而有意见，因为他们的较高生活水准是依靠着一个社会合作体系的，他们只能在这种合理的条件下渴望得到较不利者的自愿合作。宪政经济正义的社会必须更多地注意那些天赋较低和出身于最不利的社会地位的人们，比方说在中小学阶段，教育经费应当更多地花费在智力较差而非较高的人们身上。

3.1.4　正义二原则对经济宪政的启示

以经济宪政对罗尔斯正义二原则简单套用不足以进一步阐释两者之间的联结关系，也不同于上章中正义原则与经济宪政关系外在的和初步的表述，当正义原则的具体内容逐步明确后，就不难其中的具体内容可以直接为经济宪政提供某些启示。

如前所述，宪政的基础在于其正当性，或者称之为正义，而宪政着力点在于对国家权力形成的支撑及运行的制约。无论是按照马克思的观点，还是按照西方近现代思想家的比较普遍的看法，作为自然的人是先于国家而存在的，国家是根据人类需要而设计产生的，那么国家权力形成源于人。不过这种源于人的国家权力，根据其产生方式的不同，其正当性（或者称为正义）的基础也不同。源于暴力的国家权力更倾向于以暴力维持国家权力，而源于普遍同意形成

---

① Smilansky Saul. Egalitarian Justice and the Importance of the Free Will Problem. Philosophia, 1997, 25: 153 – 161

的国家权力更倾向于以协商方式维持国家权力。只有普遍同意才具有正当性基础；但是，为改变被压迫状况而争取平等的地位努力形成暴力，以及在对普遍同意本身被违反、且无法通过协商调和而为维持国家权力运行存在的国家暴力，因为作为创造普遍同意环境的手段，具有阶段性正当（正义）基础，真正具有终极意义的正当（正义）基础的仍然是普遍同意本身。所以无论国家权力最终合法性与正当性（正义）的基础都在于人民，在这点上其实大家较少公开表示分歧。在怎么样才是人民的普遍同意的表达方式上，以及因追求普遍同意的具体内容的正当性（正义）而忽视表达方式的正当性是否正当（正义），这是各方分歧的根本所在。正因为国家权力是源于人民的，所以它的运行亦应当受到人民制约的，国家权力不具有先验性和绝对性，所以，宪政的根本特征在于表明国家权力应当受到制约。

罗尔斯的正义二原则提供制约的主要范式在程序上就表现为契约，这与前述布坎南提出的"一致同意"在本质上是相同，契约的达成与一致意见的形成，都表明无论达成或形成什么具体内容，普遍同意是正当性的基础；促使在达成契约或者形成一致意见的方式上，他们也都采用了类似的做法：罗尔斯设计的"无知之幕"，而布坎南设计的"不确定之幕"，这两者的相同之处，都在于他们无法清楚地掌握自己所处的契约方的地位，不同之处在于前者完全没有知识、经验的背景，而后者有这种背景，但不知道自己处在哪种背景之下。所以布坎南的方式更多的是换位思考的方式，而罗尔斯的方式更多的是无偏（没有任何预定知识和经验背景的干扰）的方式。

作为宪政组成部分的经济宪政也应当有正当性（正义）基础，而经济宪政的正当性（正义）首先应当表现经济立宪程序的正当性（正义），"普遍同意"是立宪程序正当性集中体现。无论正义原则的具体内容是什么，至少罗尔斯形成正义原则的正当程序过程，应当成为正义的基本前提，它为有国家参与经济并形成国家经济权力的经济立宪提供了一个基础正当性前提：那就是经济立宪（或称经济法的形成）应当汇聚民意而成。

不过，现实中各种民意的形成，不是在无知之幕下，也甚至不是在不确定之幕下，那么各方达成一致或者形成契约会变得非常困难。但是无论如何，还是需要促成某种结果，这样就会往往选择只以多数决定，或者听任既得利益集团或者精英以其优势影响决定，这样形成的意见或者契约并不必然具有正义性或者正当性，因此而形成经济立宪（经济法）也就不必然具有正当性（正义）。不管怎么样，这种多数决定民主原则或者精英立法，虽然可能形成多数人暴政或者为利益集团所左右，不一定能完全保证公平正义，但至少提供了一种为之提供了一种接近的可能，并排除了独裁更可能带来的非公平正义。

然而，还是有一种可能的方法，就是借助无知之幕的假设，依据理性判断，而不是基于不确定的情绪判断（这也是虽然不确定之幕比无知之幕所确定的具体内容更贴近实际，但无知之幕比不确定之幕更具有可靠性的原因），达成普遍同意的正义原则。因为这种原则具有理性的普遍同意的预设性，所以各方应当遵循，然后将这些原则运用于现实经济立宪（经济法的形成）之中。在这种条件下，理想的经济立宪的过程已通过无知之幕下的普遍同意的契约而预设完成，正义原则的内容作为普遍同意的具体内容可以直接载入法条，但考虑到法条需要更清晰的解说与延伸，这种解说与延伸无法如果再通过无知之幕条件下的普遍同意获取，便可以采用多数同意原则或者精英立法或者这两者的综合来加以解决。一般来说，越是重大的涉及更多人利益的解说和延伸的法条，应当采用更加慎重方式，比如更大的多数原则或者更多的表决程序来加以解决。

但是这仅仅只是针对经济立宪程序正当性的解决方案，而且经济立宪的正当性仅仅只作为经济宪政的一个前提组成部分。更为重要的具有正当程序的经济立宪所形成的具体内容，这是罗尔斯正义二原则的核心问题，这不过种正当性是正当的经济立宪程序自然形成和得出的。

罗尔斯的第一个正义原则虽然主要是涉及到政治生活领域的，但是它对经济生活领域的立法并非全无意义，其所强调的自由平等的原则不受社会地位和财富等经济因素的影响，实际上表明经济立宪过程以及立宪后（包括经济法形成及运行），平等的自由都不应当受到经济因素的影响，不能因经济的原则而被限制。这对于发展中国家经济发展过程中宪政判断尤其具有重要启示，借口经济发展的需要，随意以公益需要来对付个人自由的范畴，而采取违背个体自由选择方式的私权建筑物强拆，即是明显的例子；这尤其表现在经济生活领域中，经济发展的硬道理变成了对付自由选择的武器，而国家的参与又更使这种对付自由的武器显现出不平等的强大优势地位。所以审视经济法立法及执行过程中，如果我们把这个过程看成一个宪政的过程，就会更多地对立法及执法过程中的正义性给予关注，一些简单的以经济发展或者公共经济利益为借口而可能对公民自由造成损害的法条就会被排除，一些类似借口的行为就会被制止。因此，政治生活领域的这种平等的自由的优先性对于经济宪政并非全无指导意义。

罗尔斯正义的第二个原则则是直接指向经济生活领域的，在这个领域社会地位的不平等和财富的不平衡并非绝然不允许，因为这种不平等作为一种结果，也许是平等的机会形成，要削减这种结果的不平等则可能反过来对机会的平等造成损害。这是一个两难的问题，在这种情况下，作为先置条件的机会，其平等的重要至少更具有时间上的优先性，于是它允许在一定范围内的结果不平等。然而，这种结果也许会成为下一个机会的初始条件，在平等的机会前，不同个体所在的起跑线就不一样了，这些个体在获得平等机会前就已在社会地位和财富上是存在差异和不平等了；所以，对这种平等的机会应当给予一些修正和补充，反过来可以先对社会地位和财富人为地先作出不平等安排，那就是要满足如下条件：符合每个人的利益与地位和职位的普遍开放。罗尔斯对此作出进一步解释，符合每个人利益时应当适合最少受惠者的最大利益，地位和职位普遍开放时应当遵循机会均等原则。这表明预先的社会地位和财富的不平等的安排，实际上是为了达到社会地位和财富的平等，因为最少受惠者获得的利益大于其他受惠更多的表明在拉近两者之间的差距，而这种差距的拉近却不能是通过破坏平等机会的方式实现的。这对于发展中国家经济发展过程中宪政判断具有直接的启示。国家通过经济立宪（或者形成经济法）确立公平市场规则和通过经济执法执行公平市场规则是实现经济宪政的必要条件，因为这一过程符合机会平等的正当性要求，同时不同的经济主体在公平市场规则下竞争可能无法避免地形成社会地位以及财富的不平等，这种不平等的差距的减少不能通过破坏公平市场规则（即破坏机会平等）来实现，所以减少不平等的差距不能以国家权力来打破公平市场规则来实现，采取"文革"中某些粗暴方式的剥夺的做法，是明显破坏机会平等原则的，显然是不合正义的，这种所谓"革命"方式的剥夺不是真正的革命，因为真正的革命应当是符合正义的。事实证明，国家权力如果以社会地位和财富平等为借口而打破公平机会原则、损害公平市场规则给社会带来的动荡和对经济造成阻滞，远远大于机会平等条件公平竞争所形成的社会地位和财富不平等所带来的负面影响。

然而，在不破坏机会平等原则、不破坏市场公平规则的前提下，社会地位和财富的不平等是可以作出人为安排的，通过市场竞争获得优势地位和财富的主体，应当适当关注未能参与的或者败落的弱势群体，国家应当介入，利用宏观调控和社会保障等手段加以调节，所以国家财政资金对中西部落后地区所作的转移支付安排，以及对老少边穷地区所给予的特殊照顾政策，这些不平等的社会或经济安排，最终的目的实际在于缩小竞争中所形成的不平等的差距，这种不平等的安排从根本上看对东部富裕地区的长远发展也是有利的，因为只有平衡发展才具有可持续性，即使从短期来看，中西部地区利用这些财政资金或者其他资源加大基础设施建设，从而也可以为东部地区的发展提供基础资源的支撑。这是以地区来作的分析，其实以社会阶层来分析也是同样的道理，在不破坏机会平等原则的前提下，利用国家财政资金或者动员社会力量，对弱势群体给予的社会或者经济上更多优势的不平等安排，有利于缩小自然竞争中所形成不平等的差距。这种不平等的安排不仅不是不正义的、不是违背经济宪政精神的，相反经济正义法理原则的基本要求。

3.2　经济正义法理原则的结构

完整理解经济正义法理原则的结构，一方面要从经济权利与经济权力静态关系的角度来考察，另一方面也要从经济法运行的法治动态过程的角度来考察。

3.2.1　作为静态结构的经济法律关系

经济正义法理原则的静态结构实质表现为宪政框架下的经济法

律关系，即经济权利与经济权力的关系，具体说是公民经济权利与国家经济权力之间的关系，这两者之间应当遵循正义的原则来安排宪政调控。因为这两者之间最重要、最集中的体现是在宪法的经济性条款上，所以以下主要从宪法的经济权利与宪法的经济权力这两方面来加以探讨。

3.2.1.1 宪法的经济权利

经济正义法理原则针对经济规则的宪政上升及其正义考量，其目的是要解决"国家本质两难"① 中的政府之恶问题，这一问题的解决有两种思路：一是推行市场化改革；二是进行宪政约束，但其实这两种思路在本质上是同一的，即对具有权力扩张性的政府进行约束。通过放权与束权，力求在私权与公权间求得平衡。在某种程度上说，宪政是不具有目的性的一种社会治理的根本方式，一旦宪政预设了某种终极目的，其与"超个人主义"的独裁专制也就并无二异，都会导致对个体自由的吞噬。宪政在本质上是一个制度体系，这一体系要求容纳所有社会成员的自由权利而不管他们具有多么不同的个人偏好与利益，这也是宪法能够达成一致同意的基础之所在。那么怎样才能做到对所有个体利益的共容，答案只有一个，即在开放自由的市场体制之下。只有在自由竞争的市场之中，才能如斯密所言"每个人在追求个人私益的同时客观上促进了社会利益的共同增进"，才能从个体偏好之中推导出集体偏好，才能在既不损害个体利益的同时让公益兼容私益。而传统的议会政治、民主治理排斥市

---

① 国家的"本质两难"（fundamental dilemma），即"国家需要足够强大，才能具有足够的强制力执行合同；但国家又不能过于强大，以至于它可以不受约束，滥用自己的强制力，任意侵犯公民的财产和权利"。著名的"诺斯悖论"描述的其实是国家本质两难问题，"国家的存在是经济增长的关键，然而国家又是人为经济衰退的根源"。参见 ［美］道格拉斯·诺斯：《经济史中的结构与变迁》，陈郁、罗华平译，上海：上海三联书店1991年版，第20页。

场选择，在政治精英的诱导之下，往往盲目自信、自我膨胀、效率低下，必须在宪政层面对此进行根本性的制约。因此，在这个层面上来说，"无目的"之宪政其实也具有某种目的，即确保市场自由选择，尊重个体合法权益。而布坎南也早已一针见血地指出，要将市场选择理论而非资源配置理论放在研究的中心。

因此，如果要将确保市场自由选择作为宪政元制度设计的核心与基础，那么对于其中的关键要素——宪法经济权利的保障就必须予以高度重视。宪法经济权利是宪法上的一组基本权利束，它以财产权为核心，以维护经济自由为目的，它规定市场行为的基本原则，划定市场自由的基本范围，确定市场选择的基本效力。尤为重要的是，宪法经济权利形成了对政府经济权力的有效制衡，防范了经济权力的"作恶"，这主要体现在以下几个方面：

第一，基本权利所具有的合理预期形成对经济权力的强大制约。合理而稳定的预期构成市场交易的重要前提，也形成保障交易安全、促进交易繁荣的心理基础。这种预期主要有两个方面的内容：（1）对个体权利安全特别是产权安全的合理预期。市场交易以物质交换、财产交换作为表现形式，但背后起支撑作用的其实是权利的互换，权利交换构成市场交易的本质形式。如果个体权利安全得不到保障，私人产权被随意剥夺，那么市场交易也就丧失了存在的基础，市场信心无以生成，市场交易持续萎缩，市场活动逐渐消失。宪法经济权利作为基础性权利具有最高法上的效力，能够有效确保经济权利特别是私有产权安全，抵抗国家权力不法侵害，形成市场交易的合理预期，促进市场繁荣。同时，市场的繁荣与发展也对确保私权安全、限制政府公权提出了更高层次的要求，西方国家市场经济兴起的历史证明，当市场的繁荣制造了一个坚实的中产阶级阶层时，对国家权力进行民主控制和司法控制的需求就会强烈起来。① （2）对经济宪法规则自身稳定性的预期。多数人一生当中都会经历多个政府，如果政府的更迭始终伴随着制度的变换，那么长寿对我们来说就可能变成不幸的事情。② 为了避免这种悲剧的发生，我们只能依靠宪法经济权利的庇护，因为宪法规则不受政治动荡及政党轮替的影响，相反它将这种变化纳入进自身的规范内容之中，使之具有恒久的价值。以宪政为背景的生活，一定是一种预期稳定的安详生活，个人得以大胆地制定并实施自己的人生计划，从而使得每个人的人生幸福成为可能。

　　第二，宪法经济权利对基本经济自由的公开宣告预防了经济权力的越界侵害。宪法经济权利不具有单一的内容，它是一个具有复合内涵的概念，它定义以财产权为核心的一组"基本权利束"，它通过对私有产权、意思自治、契约自由等市场交易基本自由的公开宣告，在经济权利和经济权力之间构筑起了一条牢固而结实的"界墙"，对哪些归属于不可侵犯的个体私域，哪些归属于政府国家的行动公域做出了明确划分。一旦国家权力膨胀，妄想越界而动，宪法经济权利这道"防火墙"就会成为强大屏障，将这种侵害消解于萌芽之中。如某些学者所指出的，在"私人财产神圣不可侵犯"理念得到确立的社会里，人们会对国家和政府施以严格的民主限制和法律限制，从而确保其经济自由不受无端侵犯。③

　　第三，宪法经济权利通过确保市场与政府之间的均衡博弈以限

---

① 朱巧玲，卢现祥：新制度经济学国家理论的构建：核心问题与框架，《经济评论》，2006 年第 5 期，第 88 页。

② ［澳］布伦南，［美］布坎南：《宪政经济学（译序）》，冯克利等译，北京：中国社会科学出版社 2004 年版，第 7 页。

③ 柯武刚，史漫飞：《制度经济学——经济秩序与公共政策》，韩朝华译，北京：商务印书馆 2000 年版，第 252 页。

制经济权力。社会的治理、国家公共服务的提供均需要一定的成本，由于国家本身不直接参与社会财富的创造，因此公共治理与服务的成本就只能依靠公民让渡自身财产以形成公共税收的方式来实现。诚如马歇尔大法官而言，"征税的权力是事关毁灭的权力"，因此在法治的市场经济下，公共税负的征收范围、具体程序、计算方法等重要事项均在宪政规则的框架之下，通过政府与市场主体的民主博弈来确定。但随着"行政国"与"福利国"的兴起，政府权力边界进一步扩大，经济权力肆意滥用和无效率扩张的风险陡增，由此破坏了市场与政府均衡博弈的初始设计，导致税负范围日益扩大，税负指数不断攀高，而市场力量则逐渐萎缩，个体权益饱受侵犯。宪法经济权利通过对市场主体经济自由与私有财产的范围界定，通过对经济民主广泛参与的有力保障，通过对市场经济力量的有效扶持，抑制了政府财政权力的无效率扩张与不法侵害，从而将日渐失衡的市场与政府博弈状态重新拉回至均衡态势，确保了市场经济的持续繁荣。

3.2.1.2 宪法的经济权力

宪法经济权利是宪政经济制度结构中的核心要素，它派生出宪法经济权力。宪法经济权力的存在，使得政府的经济行动具有了元规则意义上的合法性基础，成为政府进行经济干预与经济管理的强力手段。而作为"守夜者"的政府，其权力的源头存在于被守夜者对自己私权的部分舍与，其让与组成国家权利后，在国家具体化后由政府享有该部分权力，然后反过来作用于社会。这期间就得引出一个问题，即政府的作用与政府的经济作用之间的区别与联系。从概念上讲政府的经济作用是政府作用在生活中的细化，政府的作用强调从宏观上对社会关系的调整，包括科、教、文、卫、体，涵盖生活的方方面面，并且不知从几何时，单个的社会成员已摆不开政府作用的触角，出现了从摇篮到坟墓的全程接管。但政府的经济作用却来得很细，且有自己独特的作用原则，区别于政府作用的普遍平等原则，政府在经济中的作用却在很多程度上强调不同主体进行区别对待，因为我们讲的政府的经济作用往往强调的是对发展经济的作用，即如何通过经济规范来保护市场的竞争性，实现资源的最优配置，以求达到经济的效率目标。但同时又要进行对经济成果的公平分配，如在弱势人群和弱势竞争者的保护方面出台的反垄断政策和差别税率政策等，弱化由竞争导致的财富过度集中与人民贫困问题，通过经济的调控手段来促进社会正义等政府在经济中特有的作用。而正是因为宪法经济权力由宪法经济权利派生而来，所以政府存在的目的就是为了保障公民个体的经济自由与福利，并提供有利于宪法经济权利生长的空间与环境。但正如布坎南所指出的那样，政治家首先是"经济人"，存在追求自身利益最大化的倾向，所以我们便不能保证经济权力的行使总是以经济权利为依归，不会被滥用。而比比皆是的现实境况是，权力会一直滥用到有边界的地方才会停止。

在很多情况下，政府作为一种必要的"恶"确实有效地促进了经济社会的发展与繁荣，现代社会的政府能够将原子化的个体捏合成不同的共同体，以应对生产社会化以及经济全球化带来的风险，它能动员个体所不具有的资源与手段，并使其获得比单独行动更大的收益。① 在世界经济危机不断蔓延且进一步深化的背景下，政府权力所具有的拯救力量是经济领域的其他各种力量都无法比拟的，尤其是在发展中国家，无论是经济制度的重建还是基础设施的重建，都离不开政府经济权力的主导与推动。

---

① Helen. The Economic Borders of the State, Oxford University Press, 1989, 142.

　　然而，经济权力既能为善也能为恶，这是一把"双刃剑"，"国家的存在是经济增长的关键，然而，国家又被认为是经济衰退的根源"。① "国家权力与经济发展之间的互动关系可以归纳为三种类型：其一，它们之间具有同一方向的合力，经济得以快速发展；其二，它们之间形成反方向的离心力，从而导致经济体系的分崩离析；其三，它们在某些方面形成合力，在某些方面则形成离心力。毫无疑问，第二和第三种类型会严重阻碍经济的顺利发展，并造成社会资源的巨大浪费。"②

　　具体来说，政府对经济活动的介入可能会造成两个方面的危害。一方面，如果没有经济权力作为后盾，政府的经济职能无以实现。但权力常会不自觉的扩张与膨胀，如果不对其施以约束，将其关在"牢笼"内，它就会侵犯到本属于个人与社会自由的领域，从而消解市场"无形之手"的资源配置作用，挤占市场能够发挥效用的领域，最终导致政府对整个社会的牢牢控制，公民经济权利逐渐消弭，社会经济不再活力充沛而是变成一潭死水。正如李昌麒先生所指出的，"政府对于经济的过度干预往往会造成政府的急功近利，将一些危机时的非常举措变成日常之举，结果反而会导致更加严重的"综合症"。③

　　另一方面，政府经济对经济活动的干预在某种程度上也可视为是运用权力对社会经济的设计与计划过程，这种凭借人之理性的计划在简单的商品经济社会里也许可以实现，但在市场经济的社会里，

---

① ［美］道格拉斯·诺斯：《经济史中的结构与变迁》，陈郁、罗华平译，上海：上海三联书店1991年版，第20页。
② 《马克思恩格斯选集（第四卷）》，北京：人民出版社1972年版，第137页。
③ 李昌麒：《经济法——国家干预经济的基本法律形式》，成都：四川人民出版社1995年版，第27页。

这是断然不行的。因为市场经济的资源配置信息是极其复杂的，而人之理性也是极其有限的，没有人有能力窥见全貌，即便是掌握强大资源的政府也不例外，所以政府不可能制定得出一个准确反映市场需求、有效配置各种资源的完美计划，而哪怕计划有一点瑕疵，也会让社会付出极为巨大的代价。此外，计划在本质上是对公民经济自由的限制，是家长威权主义在经济领域的体现，政府通过这一过程得以实现对社会的全面控制，从而使得我们走上一条如哈耶克所称的"通往奴役之路"。更重要的是，权力在经济领域的过多行使无疑会助长政府的盲目自信，不仅有可能使得我们在"铺满鲜花叛理想的道路上"走向巨大的灾难，还会导致寻租牟利等权力腐败现象的普遍出现。

因此，经济权力的宪法上升以及宪法规定，不仅仅是对政府提高经济绩效、促进经济福利义务的赋权，更重要的是对政府经济权力的最高制约与规范，以防止其滥用谋私、侵犯民权。具体来说，对于经济权力的宪政制约主要体现在以下几个方面：

其一，通过对经济权利的宪法规定，以权利制约权力。经济权力派生于经济权利，因此公民通过宪法经济权利对抗政府经济权力具有天然正当性。另一方面，经济权利相对于经济权力具有外部性，而经济权利本身主体的多元性以及对自身利益的高度敏感性也使得其对监督制约经济权力具有最大的积极性，所以宪法对于公民基本经济权利的宣示不仅表明其核心地位，更深远的一重意义则在于划定经济权力不得进入的范围，同时利用经济权利的天然活力制约监督经济权力。

其二，通过宪法规范的授权，明确限定经济权力的活动范围。权力天然有扩张的特性，它会一直前进到有边界的地方才会停止，宪法对经济权力活动的时空范围、运行程序做出的限定，无疑是给经济权力划定了一条最高的边界。在宪法向下传递的过程中，经济权力始终只能在宪法规定的这条"最高边界"的范围之内被具体化，而不能任意突破宪法规定的最高限制，随意授权。同时，宪法对于经济权力的最高限定不仅仅是对下级立法的约束，它也是对经济执法与经济司法的最高约束，一旦经济权力的运行脱离宪政轨道，便会招致严厉的法律后果，如"越权无效"以及通过司法审查制度和国家赔偿制度对非法行使权力进行校正和救济，从而形成威慑性的预防效果。

其三，宪法通过合理配置经济权力，实现经济权力之间的相互制约。经济权力的分权与制衡是宪法分权制衡机制在经济领域的体现，这种分权制衡分为横向与纵向两个层面，在横向层面，根据经济权力的性质、功能以及活动领域，宪法将国家经济权力划分为经济立法权力、经济行政权力（经济执法权力）、经济司法权力等部分，各个权力部分之间互不隶属、相互独立，同时互相制衡、彼此监督，从而实现国家经济权力的平衡。在纵向层面，宪法通过将经济权力在中央和地方的合理分配，明确中央与地方在经济管理活动中的范围与权限，既防止中央经济权力的非理性扩张又能抑制地方经济权力挟自治以脱轨，实现中央与地方经济权力结构的平衡。

3.2.1.3 经济权利与权力博弈的宪政调控

如前所述，经济权力虽然由经济权利派生而来，无经济权利则无经济权力，但经济权力形成之后便超然于经济权利，且由于其以国家暴力为后盾，因此常以位高于经济权利而自居。经济权力相对于其他国家权力的特殊性在于，国家对经济活动的干预与管理是为了对社会经济利益进行分配与协调，由于社会经济利益的范围具有一定的开放性与模糊性，因此经济权力干预的范围和力度只能大致估算，很难进行精准的事先授权与约束，这就在客观上为经济权力的滥用和背离提供了空间。同时由于经济权力的行使者并不因为身处政治领域而改变其"经济人"的属性,常常利用经济权力为其带来的优越地位与强制力量自觉或不自觉谋取个人私利,经济权力便常常被肆意滥用。正如德国学者弗里德里希·迈内克所言:"被授予权力之人经常会面临着滥用权力的诱惑以及突破道德与正义底线的诱惑,这种诱惑被视为附着于权力的魔咒——它是无可抵挡的。"[74]经济权力所具有的这种强大侵蚀性以及它所展现出来的恐怖的压迫与支配力量,使得其成为个体经济权利的天敌,只要有机会就可能侵入个体自由的领地,形成对个体经济权利的挤占和剥夺。因此,孟德斯鸠指出:"一切有权力的人都容易滥用权力,这是万古不易的一种经验。有权力的人们使用权力一直遇到有界限的地方才休止。"[62]

经济权力对经济权利的背离和异化,对经济权利资源与利益的侵占必然导致权利的反抗,因此经济权力与经济权利始终处于博弈状态之中。这种博弈如果放任不管,则会使得经济权利与经济权力之间的社会结构严重失衡,不仅侵害经济权利的成长空间,更会造成社会资源的不必要消耗与浪费,削弱整个社会的经济发展活力。甚至当经济权力严重背离经济权利,"当长期严重偏离得不到纠正时,政治改革或革命运动迟早会爆发",① 造成社会的大规模动荡,从而以这种极端的方式促使经济权力向经济权利的回复,实现经济权力与经济权利的重新整合。

因此,只有将经济权力与经济权利之间侵占与反侵占的矛盾进行均衡,还能很好解决上文所诉的此矛盾导致的资源浪费,经济效率低下,社会动荡的弊端。而将二者纳入进宪法的框架之中,并对

---

① 漆多俊:"论权力",载《法学研究》2001年第1期,第30页。

它们之间的博弈进行宪政约束与调控，才能实现经济权力与经济权利之间的良性互动，因为在前文中已论述了宪政规则下的经济立法规则，应是切合与来自于一致同意下能最大程度上符合全体成员共同利益需求的代表正义的自然法价值，并且不仅是因为此规则具有最高正义价值，而且也因为此规则能让人们自觉服从。进一步讲只有在正义的规则下活动才会产生正义的结果，而恰恰宪政规则具有该正义价值，所以在宪法框架下的经济权利与经济权力的博弈才能克服私权利天生的分散性与公权力天生的集中性的先天不公的弱势，使得在保障经济权利的前提下，确保国家经济权力职能的正常行使，促进社会经济的进一步繁荣，从而为经济权利的更好享有和经济自由的更大实现创造条件。经济权利与经济权力博弈的宪政调控是对经济权利与经济权力的宪政整合，首先，要对公民的各项基本经济权利进行确认，由于经济权利的范围与种类受到社会经济发展状况的制约，因此必须要在遵循确保经济自由与经济民主原则的基础上对所有关涉个体权益的基本经济权利予以确认，形成一份完整而周延的基本经济权利"清单"。其次，要对经济权力进行科学的横向与纵向配置，在不影响其正常功能发挥的前提下进行分权制衡，防范其对公民的基本经济权利的侵害与挤压。再次，要建构公正而独立的权利救济机制，将经济权利与经济权力的恶性博弈、纷争纳入宪政平台进行解决。所以，一方面要构建完善的司法救济机制，保证司法机关独立、公正的宪法地位，使得公民经济权利受到侵害之后能够获得恢复与赔偿；另一方面，要建立科学的违宪审查机制，确保在穷尽所有救济手段之后遭受经济权力侵害的经济权利仍然得不到合理恢复与赔偿的情况下，能够启动违宪审查机制对其进行救济，将恶性博弈、纷争在宪政平台内消弭于无形，防止因之而起的大规模社会动荡与动乱，以维护社会底线正义的最终实现。

3.2.2 作为动态结构的经济法治过程

法治意味着法律的统治，强调法律至上，没有任何人（包括立法者或者所谓的统治者）能够凌驾于法律之上。戴雪曾对法治有过如下阐述："首先，常规的法律是至高无上、占绝对优势地位的，而不是专断的权力。另外，（法治）也排除了专断、特权、甚至政府的广泛的自由裁量权"。①

宪政则是宪法的展开过程，按照郭道晖先生的观点，宪政被定义为立宪、行宪、护宪、修宪的一系列政治活动的运行过程。法治与宪政的关系非常密切，以致有些学者不加区分地使用这两个概念。甚至一些学者则认为法治与宪政本是同一个概念，而且法的至上性的最高和最终体现就是宪法的至上性。② 如：戴雪即把"一般法律的普适性或至上性"作为英国宪政的一个要素。

法治虽然强调法律的统治，强调任何人的意志都不能凌驾于法律之上，但它却无法有效地解释法律的来源，也就是无法解释规则形成的过程。一句话，它无法解释人所制定的法律怎么可以在人的意志之上。但是宪政却一定要回答这个问题，因为宪政包含着对法律规则形成的过程的追问，包含着对法律规则理由的追问。所以，有学者认为宪政虽然包含着法治，法治是宪政的基础部分，它捍卫着宪政体制的生存和稳定，但另一方面宪政不只有法治的内容，它反过来还保证着法律的内容和形式的公正，维持着法治和人治的平

---

① Dicey, A. V. Introduction to the Study of the Law of the Constitution. Indianapolis: Liberty Fund, 1982, p120.

② Chen, Albert H. Y. "Toward a Legal Enlightenment: Discussions in Contemporary China on the Rule of Law." UCLA Pacific Basin Law Journal 17 (1999 – 2000): 125 – 165.

衡。对此，萨托利有过如下阐述：自由宪政是一种既保留了立法者统治和法律统治两者的优点，同时又克服了两者缺点的制度设计。一方面，宪政采取了立法者统治的方式，但却通过严格的立法程序和宪法的最高权威限制了立法权的滥用，保障了公民基本权利的安全。另一方面，宪政也给予了法治充分的重视，虽然这一部分正面临着被立法者统治的不断侵蚀与挤占的危险。我们应该铭记的是，自由宪政的创造者们从未把国家设想为贩卖法律的"立法机器"，立法者仅仅只是一个起补充作用的配角，因此议会的作用应当是完善和补充"法官找法"的过程，而不是妄想取代。①

　　总之，法治同于宪政一样，是一个动态的过程，但二者却在价值层面有着天然的区别。因为宪政由于天然与自然法的联系使其具有了像自然法一样代表着人们共同的善，符合着人们共同的利益。更多强调的是在应然宪法元规则规范下，代表着善与正义的宪政体系在社会生活中的实行过程。但相反，法治却有着不一样的动态过程，类似于法律实证主义的观点，他们的法不进行价值上善恶的判断，只注重有与无的形式。因此实然宪法强调体系下的各部门法的具体落实。所以法治在动态过程中类似于宪政，但又因为宪政应包含着普通法治不具有的善恶考量，因而法治又在价值衡量上低于宪政。所以说二战中纳粹德国在战时仍具有良好的法治，但却因为大量歧视性和杀戮性的恶法存在，因而其不具有应然意义上的宪政。

　　理清了法治与宪政的关系，则经济法治与宪政的关系也不难区分。经济法治，意味着一切经济活动的主体都没有凌驾于经济法律规范（包含有经济的宪法规范）之上的权力，而应当遵从经济法律

---

① Sartori, Giovanni. The Theory of Democracy Revisited. Chatham, New Jersey: Chatham House, 1987. P308.

规范的要求。也就是经济法对于政府或者公民的经济活动具有法律至上的权威。经济法治，强调的只是经济法律规范的统治，但它一般并不追问经济法律规范形成的过程和理由，一句话，经济法治一般并不对它所依据的经济法律规范作出价值判断。但是宪政不同，经济宪政则要求从经济的角度追问宪政规则形成的理由，当然也包含着对宪政经济规则（即以经济的宪法规范为核心的经济法）形成理由的追问，而对此作出的回答也就是对经济法律规范的价值判断。所以，本文在此讨论的宪政过程中的经济法治与一般意义上的经济法治并不相同，实质是要在经济法治语境下只在强调经济法律权威至上的基础上突出对经济法治的过程描述及其规则形成的理由描述。因此，宪政过程中的经济法治，其实就是对经济法律规范秉持何种价值的追寻，以及对这种价值展开过程的观察，它既遵循法治的原则，也恪守宪政的价值，是一种静态与动态、形式与实体相结合的新的观察视角。

3.2.2.1 经济法治的目标

宪政过程中的经济法治本身并不仅仅追求在经济活动中经济法律的至上与权威，也就是说法律至上虽然是经济法治非常重要的形式基础与评价指标，但其本身却不能成为经济法治的目标。非宪政过程中的经济法治并不追问以宪政规则为核心的一整套经济法律规则体系的形成理由，不在本质的层面上涉及对经济法律规则的价值判断。因此，法的至上权威虽然是宪政过程中经济法治的形式前提，但本身并不能成为经济法治的追求目标，经济法治的追求目标应当有更为的实质的道德理想与价值判断。

如前所述，自然法以正义为内在理据，是人类谋求幸福生活之"正义体系"，作为自然法则法律化结果及其展开的宪政便天然以正义为自身的价值追求与基础，宪政实现的过程也即正义的生产过程，因此，宪政过程中经济法治的目标应当始终以经济宪政的价值核心——正义为基准，实现经济正义。由于宪政本身就是宪法动态展开的过程，经济法治对于正义的追求就不仅仅体现在宪法文本对正义的实现上，它还包括在一般经济立法过程中对法律文本的正义评判，以及在经济执法和经济司法过程中践行正义的宪政理念，促成正义的立体化实现。所以，正义作为宪政过程中经济法治的目标，并不是简单的对法治结果的正义追求，它还体现在法治过程中对于正义的践行，它成为经济法治活动中一切行为的评价标准与合法性基础。

3.2.2.2 经济立法过程

经济立法是经济法治进程中的核心环节，经济立法所生产的经济法律文本成为经济执法和经济司法活动的前提与依据。因此，一旦在经济立法环节发生正义偏递，其对经济法治的影响将会是全局性的，经济执法和经济司法将会因为非正义的恶法而失去合法性基础，从而导致经济法治的崩溃。

宪政过程中的经济立法包括两个层面，其一是经济立宪。经济立宪是经济立法的先决条件，成为一般经济立法的渊源，它是对元规则和约束条件的选择过程。由于对任何规则理由的追问最后都会回归到宪政规则的层面，经济立宪的正义问题便成为整个经济法治的价值根基。经济立宪的正义探寻实质上是对宪法规则本身理由的追问，一般经济立法可以回溯至宪法规则寻求正当性依据，但宪法规则对存在理由的追问却无法由自身做出解答，必须向上回溯至更高的价值层面的正义。所以，对经济宪政正义的解答便成为整个经济法治、经济立法活动的核心，而这也本文的主要研究对象。

其二是一般经济立法。一般经济立法包括经济法律、法规、规章乃至经济政策等等，依托于经济立宪，是在经济立宪这一元规则所确定的约束条件之下进行选择所达成的"纳什均衡"。一般经济立法是对宪政元规则的具体化与场景化，使得宪法所追求的正义理念真正能够在社会生活中得到贯彻，产生影响。因此，对一般经济立法的正义追问主要审视其对宪法规则的传递是否遵循了宪法原意，是否违背了宪法元规则所划定的约束条件。所以一般经济立法的正义问题可以转化为是否守宪的形式问题。当然，通过宪政经济正义的理念对一般经济立法进行实质审查，也是判断其是否符合正义的非常重要的途径。

3.2.2.3 经济执法与司法过程

经济执法与司法活动是以经济立法的结果——经济宪法、法律、法规、规章等等——为依据进行的。经济立法特别是经济立宪所确立的正义是一种抽象正义，这种抽象而又原则的经济正义必须通过多层级的一般经济立法以及经济执法与经济司法才能真正实现。经济执法与经济司法在是否契合正义的经济法治目标方面不像经济立法以正义作为评判标准对自身进行判断，因为虽然可以通过模型建构、逻辑推理等手段对正义进行界定，但正义带有一定的主观价值判断的特性，抽象而又原则，不容易直接、便捷地拿来对经济执法与司法活动进行判断。所以，除非明显背离正义原则，经济执法与司法活动是否契合正义一般是以其活动是否符合经济法宪法、法律、法规、规章乃至政策等等来进行判断的，如对上文所述对一般经济立法的正义判断一样，这种判断更多是一种形式判断，根据经济法律规范的内容，进行三段论式的逻辑推断。

但经济立法与经济司法要实现经济法治的正义目标仅仅在形式上契合经济立法的规定并不足够，因为无论经济立法的规定如何细致、具体，总归要留下一定的自由裁量空间给予执法者与司法者，如果没有本身对正义理念的深刻理解乃至信仰的话，这些自由裁量的空间有可能成为暴政发酵的温床。同时，人类言语的表达与理解是主观的，哪怕是追求严谨、准确的法言法语也有可能因为理解者的不同而产生不同的效果，我们不可能给出每一个法律规范、每一个法律概念确定而无疑义的详尽解释，否则在社会生活变化日益加速的当今立法者将会为法律的修订与解释疲于奔命，而且过于狭隘的生长空间也会使得法律的生命力逐渐消弭。法律既是人类的一种理性建构，也具有如哈耶克所言的"自生自发的秩序"般的性质，任何法律作为人类理性建构的成果，施行后总会随着社会生活的变化而自身产生适应性的变化，具有新的涵义与意蕴，美国宪法施行200多年却仍然立基于最初七个条文的发展历史即是例证。

因此，对法律的差异化理解以及法律因生长需要而留下的客观性空间使得哪怕再严格的经济执法与经济司法也必然会与经济立法的理想拉开距离，从而与经济正义的目标拉开距离。解决这一正义偏递问题的就不仅仅只能依靠形式意义上的严格守法，而是要将经济正义的理念融合进经济执法与经济司法的过程之中，使得执法者与司法者对经济立法的理解在正义目标的统领下不至于偏差得过大，形成法律职业共同体对经济正义的共同追求。与此同时，对正义理念的强调也能够保证法律发展朝着"善"的方向前进，而不至于在放任的生长空间中误入歧途，导致邪恶的产生与灾难的爆发。

第4章

经济正义法理原则的制度化

宪政对我国来说是个舶来品，自然宪政文化环境与传统是缺失的，这就是为什么无数规则制度尽管设计科学，但在现实生活中却步履维艰的根源之所在。在我们的传统文化中历来缺乏对规则与制度的基本尊重，那么面对制定规则和制度的元规则又如何能保持应有的敬畏和信仰？而缺乏尊重与信仰的宪政无疑于水中花、镜中月，只是可有可无的装饰品罢了。良好的制度要发挥功用，必定要有相应文化传统的支撑，以使其获得持久的生命力。我们的宪政只有在成为执政者的执政理念和所要实现的政治秩序，成为社会公众最基本的思维模式，成为人们所追求的一种生活方式，成为全社会所信奉的价值观的时候，也才能够获得真正的生命力，施行于社会与人心。[①] 所以宪政文化是保障经济宪政得以顺利实施的良好基础。

不过，宪政文化的培养需要长期的积淀，在此之前，它首先需要解放思想、创新理论，其次需要通过具体的制度和政策作为支撑。纵观来看，理论引导、制度运行、文化深入，这也是经济宪政必经历的三个阶段，其中制度运行是经济宪政实施的核心阶段，而正义

[①] 陈旭东：《宪政经济学与中国经济改革的宪政问题》，载《现代财经》2007 年第 2 期，第 7 页。

原则却为经济宪政制度运行提供理论方向和价值指引，宪政文化只有在经济宪政制度良好运行后才可以得以形成，并进一步为经济宪政制度的运行提供良好的外部环境。如果清楚这种顺序，那么仅仅以文化背景拒绝宪政改革的行为都只是借口和软弱的表现。所以，无论从哪个角度来说，通过制度付诸实际行动做起来才是经济宪政的根本所在，而这种制度化也正是正义原则避免成为空谈理论的必要手段。"社会正义的原则的基本主题是社会基本结构，是一种合作体系中的主要的社会制度安排……这些原则要在这些制度中掌管权利和义务的分派，决定社会生活中利益和负担的恰当分配。适用于制度的原则决不能同用于个人及其在特殊环境中的行动的原则混淆起来"。[10] 如前述，在经济宪政视角下正义原则有其独特的内涵和体现，而作为一项统领性的指导原则，要在经济宪政中真正落实，必须进行制度化。宪法中的公民基本权利仅仅是文本上的抽象权利与价值宣示，它们构成了社会正义的基础却不是正义本身，这些权利只有落实在具体的现实生活中，成为每个人的行为模式与利益所系，才能说宪法上的正义得到了真正的实现。而基本权利从纸面宪法的"理想"走向现实生活的"洪流"，必须仰仗具体制度的落实与保障。①

　　经济正义法理原则的制度化，首先应当将正义原则逐步具体化体现在相应国家参与经济的法律规范之中，其次应当在这些法律规范中完善和构建正义原则所表现的各种权利形态，最后还应当通过经济法治过程具体发展正义原则。

---

① 张金来："公平正义的法治实现"，《陕西职业技术学院学报》，2007年9月，第32页。

4.1 正义原则在法律中的体现

前述自然法则的法律化的过程，也是作为自然法的内核"正义"（或者称正当性）在法律规范中具体体现的过程，这表明了建立在这些法律规范基础上的法治过程具有正当性，符合宪政正义。但是人类社会的实际立法并不总是按自然法来加以设定的，这也就表明存在正义与法律规范背离的可能；不过，正义作为法存在的基本价值，如果人为立法与之有背离，则说明这种人为立法不能成其为真正的法律；在这个意义上看，正义与法是不可分的，法天然地应当具有正义。就经济领域而言，要将正义原则体现在法律中，首先明确它在经济宪政中的实现路径，其次要根据这一路径来确定相应的经济法规范。

4.1.1 法的正义

法的正义可以从法与正义的契合、法的正义观以及法律正义等三个方面进行诠释。

第一，法与正义的契合。把正义视为法律存在的基础和根据乃是古希腊人深厚的观念传统，这种对于法律存在的价值的追问和思考方式最初是通过神话和文学得以体现。正是神话和文学中所展现的生命存在的基本方式和生命存在的精神冲突构成了对法律存在的哲学探讨的最初语境。荷马史诗《伊利亚特》和《奥德赛》最完整地体现了希腊早期的社会状况和精神意识，史诗中已经出现了后来具有抽象正义、诉讼或判决等明确含义的 deke 概念，而且用于表达神所启示的裁定、指示或判决的 themis 观念在逐渐让位于 deke。①所以，对法与正义的契合的探求可以从苏格拉底、柏拉图以及亚里士多德等的众多观点中进行梳理。按照苏格拉底的观点，凡合乎法律的就是"正义"的，法是"正义"的化身，公民遵守法律就是"正义"，公正的人就是遵守法律的人。人们之所以要服从法律，是基于以下理由：第一，可以感谢国家赋予的恩惠。第二，服从法律有利于提高城邦成员的道德水平和正义意识。第三，服从法律是公民的天职、责任和义务。而苏格拉底自己就以自己的行为履行了服从法律的义务。② 而柏拉图对法的理解与此有些差异，他把法当作一种秩序，是为了实现"正义"而建立的秩序，并且法是实现和维护"正义"最有必要，也是最具权威的手段。③ 但柏拉图也认为，法律是正义的化身，凡是符合法律的行为便就具有正义性，反之则是不正义的，正义内在于法律之中。法律是判断正义的唯一标准，守法则是实现正义的唯一途径。"谁不遵守法律，他就既有违法之罪，又有不正义之名"。[47]以此观点来推论法的本质可知，法意味着绝对的"正义"，它是以实现平等、自由等个人正义价值为前提，以维护公共利益的国家正义价值为最终目标，在此过程中形成了个人利益与国家利益的内在统一。在亚里士多德看来，法律与正义之间存在着紧密的关系。他指出，正义是法律的目的，法律的全部意义

① ［英］J. M. 凯利：《西方法律思想简史》，王笑红译，法律出版社 2002 年版，第 6-7 页。

② 苏格拉底在雅典接受死刑判决时并未作任何的辩解，也放弃了逃跑的机会，他用生命诠释了对法律的理解，向世人展示了他的德行、理性与正义. 从中可以看出，他致命要害在于忽视了"正义"与法之间并非是完全统一的关系，与此同时，他的法正义观也成了分析实证法学派代表人物奥斯丁"恶法亦法"的思想源头. 参见徐爱国等. 西方法律思想史. 北京大学出版社，2002，21。

③ 此处的"正义"，既指国家正义，也包括个人正义，并且国家正义高于个人正义，两者是对立统一的关系。

在于它是促进城邦公民追求善德与正义的永久制度、"任何正义都必须基于事务处理上毫无偏私的权衡，而法律无疑就是这样一种严守中立的权衡"。[46] 所以，他将法的合理内涵界定为正义，视法为正义的具体表现，法的优劣应当以正义作为评判标准，立法是促进正义实现的过程，守法是服从正义的体现。此外，西塞罗、奥古斯丁、阿奎那、格劳秀斯、普芬道夫、霍布斯、斯宾诺莎、洛克、孟德斯鸠，以及洛克、康德、罗尔斯、博登海默①等均对此提出了不同的观点。这些观点尽管有些大同小异，但证实了一点，即法与正义是契合的，两者是内在统一的。

表4.1　各时期对法与正义关系的典型观点

学　者	法与正义的关系
苏格拉底	"守法即正义"，法是正义的化身。
柏拉图	法当作一种秩序，是为了实现正义而建立的秩序，并且法是实现和维护正义最有必要，也是最具权威的手段。
亚里士多德	法的合理内涵就是正义，法是正义的具体表现，法的优劣应当以正义作为评判标准。

---

① 博登海默在梳理了诸多先哲们的正义理论后提出：要推动正义处于实现社会价值的支配性地位，仅仅培养人们在对待他人时公正、善意的思想境界是不够的，还必须依靠制度性手段和措施。同时，他还分析了亚里士多德的分配正义、矫正正义及契约正义等范畴，并将法律正义从道德正义中分离出来，与自由、安全、平等及共同福祉相融合，推演出自己的法律正义观。他认为秩序和正义是构成法律这一复杂体系的两大基本要素。秩序指社会使用一定的规则、标准和原则来调整人们的关系，它是法律的形式，意在维护社会过程的一致性、持续性和连贯性。人们基于两种心理根源追求法律的秩序性：一是对于发生过的、好的经验，人们想要维护和重复，这可给人以精神上的愉悦和满足；二是这种秩序规定了人们之间存在相对稳定。他还提出，平等、自由、安全和公共福利是正义的重要组成部分，它们是相互结合、相互依存的，应该同时存在于建立成熟和发达的法律制度的过程中。同时，在司法过程中，理性和经验也不可或缺，因为"经验是在这个基础上由理性发展，理性则受经验的考验"。

续表

学 者	法与正义的关系
西塞罗	法源于自然,法的本质是人的正当理性,自然是正义的基础。
格劳秀斯	自然法是正义的理性法则。
霍布斯	只有有权力制定国家法律的人才能决定什么是正义和非正义。
普芬道夫、斯宾诺莎、洛克、孟德斯鸠等	正义是自由、平等和人权的代名词。
洛克	正义是人与人之间、个人与社会之间普遍建立起的一种权利和义务的均衡关系。
康德	法是根据自由的一般法则,一个人的任意可以和其他人的任意相共存的条件的总和。
罗尔斯	正义创造法律,法律依附于正义。正义是社会制度的首要价值。
博登海默	秩序和正义是构成法律这一复杂体系的两大基本要素。平等、自由、安全和公共福利是正义的重要组成部分。

第二,法的正义观。法律能否被民众良好地遵守取决于多方面的因素,而其中尤为关键的是法律本身是否是制定得良好的法律,其正义程度如何,社会民众又对正义持有何种看法,法律中的正义观与民众的正义观是否契合。法的正义观往往以一个特定价值目标为核心,如前述,不同的经济社会背景下,学者对正义的理论建构和实践解读有较大差异,不同的人有不同的价值目标,也就有不同

的正义观。① 而事实上，在正义概念的最基本的层面上，人们的认识有共通的一面。社会价值体系应当将正义的目标要素重新整合，进而形成一个具有综合内涵的统一正义观。值得一提的是马克思主义正义观，具体从阶级性、具体性以及历史性等三个层面对正义进行了界分。② 这体现了科学的、有时代意义的法的正义观。法的正义观表明的是对法的正义所包含的具体价值内容的进一步判断，而不是仅仅停留在守法即正义的层面。不过，因此所形成的正义的共识却可以促使人们更好地遵守法律。

第三，法律正义。法的正义观表明的是主观的态度，而客观的描述可以从法律正义的角度来进行。法律正义可以从法律正义形成

---

① 施塔姆勒认为正义的核心是自由；拉特布鲁赫认为是平等；耶林认为是安全；罗尔斯则认为是自由和平等并存，但自由是首要的。博登海默指出，平等、自由、安全和公共利益都在不应当被假设为绝对价值，因为它们都不能孤立地、单独地表示终极和排他的法律理想，以上三种价值中的任何一种都不会被未来哲学同时认可，特定社会秩序的经验现实总认为一种价值胜过其他价值。

② 马克思主义正义观的核心思想：其一，正义具有阶级性。按照历史唯物主义的观点，正义在本质上属于一定阶级意识形态的核心范畴，属于上层建筑，具有阶级性。在阶级社会，各个阶级之间的社会经济关系和利益要求是不同的，处于统治地位的阶级往往把本阶级的利益说成是整个社会的普遍利益。其二，正义具有具体性。正义的具体性表现为正义受一定社会的物质生活条件决定，不同的社会物质生活条件决定着不同的正义观。当然，正义的具体性还表现为在特定的社会物质生活条件下，每一个阶级、阶层、集团或个人都有不同的、利于自己的公正标准。罗尔斯的正义原则，只能在自己预先设定的理想的分配模式中发挥作用，当它在面对不同的个体、群体、组织、地区、国家以及不同历史时期、同一历史时期的不同阶段时，以抽象的正义标准作为法的价值就显得虚无缥缈而难以把握，正义显得多元而无法统一。其三，正义具有历史性。正义是历史的产物，每一个时代都有自己的正义观，并随着历史的发展而不断变化。"平等的观念，无论以资产阶级的形式出现，还是以无产阶级的形式出现，本身都是一种历史的产物。这一观念的形成，需要一定的历史条件，而这种历史条件本身又以长期的以往的历史为前提。所以这样的平等观念说它是什么都行，就不能说是永恒的真理。"具体参见刘祥林："论法的正义价值及其实现路径"，《江海学刊》，2012.4，第158－160页。

的动因以及法律正义的实现两个方面进行描述：其一，法律正义形成的动因。法律正义形成的基本动因在于：实现正义是法律众多价值追求中最首要的也是最具有优先性的。正义所内含的公正、公平、公道以及平等价值，构成了现代文明社会存在的道德基础与最高追求。作为社会治理方式的法律自然也应将正义作为自身的终极目标，并以此为基础构建其存在的价值权威性。① 法需要一个基本的价值目标，而正义恰恰迎合了这一需求，正义反映了法的基本诉求，容易使法达到一种理想的状况；正义在一定程度上可以转化为一种标准，它蕴含着法的合理要素，彰显出法的基本特征，是一种现实可操作的法律原则，可以作为检验或评判法之良恶优劣的尺度和标准②；正义作为法律的最高目的，始终是法律进化的精神动力。社会正义观的进步，常常是法制改革的先驱。正义观念是促进法的进步性变革的经常性力量，正义与法的融合，可以使法获得与时俱进

---

① 付子堂：《法理学进阶（第二版）》，法律出版社2006年版，第170页。
② 正义观念存在着某些客观的、相对稳定的原则和准则。人们通过这样的法律原则，建立起个人和他人（社会、公众、政府或个人）以及各主权国家之间的和谐关系。正义观念中存在着某些相对稳定的内涵，或者说是最低限度的正义要求。相对稳定的正义观念就是衡量法律优劣的基本标准。在制定法律时，立法者就不可能不以一定的正义观念作指导并将这些正义观念体现在具体的法律规范之中。参见付子堂：《法理学进阶（第二版）》，法律出版社2006年版，第170页。

的新的活力,使法律正义进一步得以张扬①;正义是法的功能发挥偏失后的一种重要矫正和弥补手段。其二,法律正义的关键环节在于其价值实现。在法律正义具体制度化进程中需要强调三个步骤和环节:首先,宏观层面上,法律正义的制度化。在实现法律正义的过程中必须要以一定的方式将正义在法中进行确定,形成一系列体现正义的、合理的制度,使正义要求规范化、明确化,通过法律正义形式确立以社会资源配置为重要内容的各种社会制度,体现或实现的是分配正义或社会正义、实质正义。其次,微观层面上,以一定的方式在法之中形成合乎正义的、合理的、富有理性的补偿制度和处罚制度,并通过法的实施兑现这种体现正义的补偿制度和处罚制度,以恢复正义,使法律正义获得实效。为此就要建立合理的、符合理性的诉讼制度。正如庞德所说,法律工作者们特别是法官、立法者、法学家的日常工作中一个具有首要意义的因素是:作为社会控制手段的法律秩序的目的及其背后所具有的伦理观、哲学观、经济观、政治观是什么……在传统观点看来,法律是国家权力行使者据以司法的规则体系,其内含着的预设前提是:法律(在广义司法意义上所说的法律)的唯一目的是通过司法和执法实现正义(the

---

① 近代以来,正义对宪法、行政法以及程序法的推动作用十分明显:人们在评价法律是否优良或合理时,总是以特定时代的正义观念作标准,正义与自由平等不可分,而对自由平等的最大威胁来自于政府权力的滥用,正是在正义观念的推动下,人类创制了以控权为主旨的宪法和行政法。正义目标的实现要求严格、明确、公正和公开的程序,正义成为程序法进化的直接推动力量。例如英美法系的正当程序原则大大推动了整个法律程序的理性化和科学化。由于正义的最低要求是相同情况相同对待,所以正义提高了法律的普遍性。同时,正义要求标准的同一性,符合人们对平等的需求,从而推动法律平等的实现。而当代社会,政府越来越多地参与经济生活使得经济法成为非常重要的法律部门,而正义理应成为推动经济法遵循经济宪政路径的重要动因。

administration of justice)。① 最后，中观层面上，强化法制建设，在社会实践过程中遵守、执行和运用法律制度来从事各种建设性活动，也就是执法、守法的法治过程。正义是法律的价值目标，法律是实现正义的手段，如果运用的经济法的手段，从事的是涉及到国家权力的行为，那么就是要实施经济法治、遵循蕴含正义原则的经济宪政。现今我们所要建设的和追求的是新的现代化的法治，这种法治对正义特别是法律正义有更突出的要求。旧法治虽强调以法为治，却回避以什么样的法予以治理的问题，也就是回避良法治理这一关键问题，或是虽承认应当以良法治理，却由于历史或其他的原因无法真正实践之。现代法治不仅强调以法治理，而且更强调以良法为治。亚里士多德早就对这一问题作出了精辟的论断。他认为，法治应包含两重意义，已成立的法律获得普遍的服从，而大家普遍服从的法律本身应是制定得良好的法律。法治之法既可以是良法也可以是恶法，同时良法也可以分为两类：内容正义且由人民订立的法律，或者仅仅是内容正义的法律。[46]因此，他将法治的要义总结为两点：一是良法之治；二是法律至上。

综上所述，法的出现，不是凭空捏造，而是正义的一种具体表现形式。基于正义的抽象性及道德性，为阐明正义的要义，应当创制法以实现具体的正义。法是反映正义的本质，法是对正义的抽象思维的概括，法的目的是维护正义的实施。因此，法是正义的形式。②

---

① ［美］罗斯科.庞德：《法理学（第一卷）》，邓正来译，中国政法大学出版社2004年版，第367－368页。

② 鲍家志、盘佳："司法正义是实现社会正义的保证"，《广西社会主义学院学报》，2010年8月，第85、86页。

4.1.2 正义原则的经济宪政路径

具体来看，法的正义应用于经济领域、特别是国家参与的经济领域，则应当遵循经济宪政的路径。综合考察罗尔斯正义理论的演变可知，罗尔斯正义理论的实质乃宪政之正义，正义原则的制度化应当从此理论出发，着眼于正义原则的规范性，提炼正义原则对经济宪政制度的内在要求，植根于转型期我国经济宪政的实现。

第一，正义原则的规范性与价值性为经济宪政的实现奠定了基础。正义原则具有规范性，能够指导经济社会进程中各类主体的活动，该规范性为经济社会发展中的主体提供了价值参照和行为指向。经济宪政的实现过程也是个体和社会价值观的形成过程，要实现这一目标，规则的制定和实施是必需的。正义是人类社会永恒追求的道德目标，作为无可替代的伦理尺度，它对人类价值的形成及其导向具有弥足珍贵的作用。正义型构了人类价值体系的基础，引导人类灵魂向上向善，它是社会存在的价值之维。① 基于经济宪政的发展，正义原则的规范性所蕴含的规则和价值二重性，奠定了经济宪政的根基。

第二，正义原则反映了经济宪政制度的内在要求。如罗尔斯所言，正义原则对宪政制度有内在要求，他从正义程序、宪法的制定、立法阶段以及法律适用等四个方面进行了划分，确立了各个阶段的内容和目标，按照"程序正义——宪法保障——立法落实——正义实现"的思路来架构正义，以保障经济宪政的科学化和体系化。这四个阶段依次下来实际也是"无知之幕"不断打开的过程。罗尔斯

---

① 邓仁伟："发展伦理视阈中的正义原则"，江西师范大学，硕士研究生学位论文，2008 年 4 月，第 31 页。

强调，四个阶段的序列是运用正义原则的方式，而不是对立宪会议和立法机构实际上如何活动的一种解释。① 而上述要求应用于经济宪政领域亦应遵循这四个方面对宪政制度的一般性规定。

表4.2　正义原则对经济宪政制度的内在要求

序　列	要　求	内　容	目　标
第一阶段	正义程序	汇集并保护平等公民权的各种自由，包括良心自由、思想自由、个人自由和平等的政治权利。	确保产生正义结果
第二阶段	制定宪法	为政府立法确立一种评判标准，以此来评价法律和政策的正义性。	确保宪政的正义
第三阶段	立法阶段	法律法规不仅必须满足正义原则，而且必须满足宪法所规定的各种限制条件。	符合宪法
第四阶段	法律适用	法官和行政官员将所制定的规范运用于具体案例，公民们则普遍地遵守这些规范。	正义的实现

第三，正义原则有利于转型期我国经济宪政的实现。当前中国正在两个向度上发生转型，一是体制转变，即整个经济形态从计划经济体制向市场经济体制转变的制度变迁及制度完善进程的深入；二是经济发展，即通过转变经济发展方式来实现经济的可持续发展。这种社会转型决定了当代中国社会经济的独特性。而对以正义原则为根本价值追求的经济宪政价值的关切，紧紧契合着转型时期中国的社会特质和现实需求。保障经济自由和平等、控制国家权力、推进个体秩序参与和转型时期中国的经济社会发展、民主宪政的前进

---

① 刘舒适：“宪政传统中的罗尔斯正义理论之演变—从《正义论》到《政治自由主义》”，湖南师范大学硕士学位论文，2003年4月，第12、13页。

方向紧密关联。① 西方的宪政经过长期发展具备了较深的根基，而由于经济、政治、文化、历史等诸多方面的差异，经济宪政的具体实现模式多种多样，呈现不同的民族文化特色，但其所诉求的基本政治价值具有普世性。因此，我国的经济宪政建设绝非进行一种简单的制度移植，还须培育国民的法治精神和法治信仰。② 但在此之前，理论的准备和制度的建构却是必需的。而这种理论应当具有时代的特征，并应当渗与到制度建构中去。正义理论在其发展中呈现出阶段性的修正和转换，尤其对处于转型期的中国而言，将正义原则融入经济宪政的构建和发展中无疑具有重大作用。

因此，从全过程来看，在国家参与的经济领域，正义原则应当遵循经济宪政的一般实现路径。

4.1.3　正义原则的法律规范选择

根据正义原则在经济宪政中的实现路径，至少应当包括正义原则在经济立宪与经济立法这两个阶段，其实在国家参与经济的领域（即经济法领域），国家参与的性质决定了这些相关立法也具有立宪的性质。所以，正义原则的法律规范选择，实际上就是一个立宪过程，而在国家参与的经济领域内的法律规范的选择，即经济法路径，本质上是一个经济立宪过程。

4.1.3.1 正义的法律规范选择

一般立宪都表现为通过确立宪法性规范来实现国家对以公民自由权、平等权等为核心的人权保障；也表现为对政府的权力的法律

---

① 史华松：转型时期中国经济法的宪政价值探究，《西南政法大学学报》，2009 年第 4 期，第 10 页。

② 刘舒适：“罗尔斯正义理论的宪政之维——从《正义论》到《政治自由主义》”，《新疆社会科学》，2005 年第 6 期，第 15 页。

限制，但这不是否定政府权力发挥有益的作用，核心是要在限制政府权力和利用政府的职能之间保持必要的张力。从整个经济社会发展来看，国家需要设计具体制度来确立和保护个人权利，同时又要减少权力对个人权利的侵害，即这种制度安排要在权利的保护和侵害之间寻求并达成某种平衡。以正义原则为价值目标，法律规范选择应当按以下思路展开：

第一，宪法必须要能够确保宪政的正义。宪法是宪政的基础，宪政的内容、目的直接取受制于宪法文本的规定，没有宪法，宪政就是无水之源、无本之木。宪政产生、存在、发展和变化都也必须以宪法文本为依托，于是纸上的宪法便成为现实的宪法的目的。从历史渊源和价值取向上看，宪法和宪政都是商品经济发展到高级阶段的产物，都是"法治国"兴起的重要标志，都以限制国家权力、保障公民权利为根本精神和价值取向。所以，宪法必须明确基本的权利属性和形态，尤其要注重对个人权利的保护和对国家权力的赋予和制约，这既符合宪政的基本精神，也有利于营造自由平等的经济社会环境。

第二，法律法规必须要符合正义原则和宪法精神。宪法的施行和宪政的落实有赖于将文本宪法的规定具化为规范社会日常行为的具体制度，因此，围绕宪法构建起一个周延、完整的法律制度体系就显得尤为重要。法治意味着严格依照法律治理国家的政治主张、制度体系和运行状态。它包含一个国家以宪法为基础的法律和法律制度体系由静态到动态的运行过程。在价值取向上意味着对正义的追求和对人人平等自由权利的保护。① 另外，法治不能仅仅被地看

---

① 周叶中：《宪法（第二版）》，高等教育出版社、北京大学出版社 2005 年版，第
183 页。

作是为了适应社会发展变化而不断创制的法律条文的简单集合，作为法治基础的法律其本身也应当具有权威性，并且这种权威性内生于法本身而不仅仅依靠外在的强制暴力。进一步说，法律的权威性蕴涵于其对公民权利的尊重，而这种尊重也保障了法律的稳定、发展与正义。①

第三，发展社会自治，促进社会立法的发展。个人不仅生活在国家中，更生活在社会之中，社会作为人与人相处的共同体环境，是与市场相融合的，个人的偏好使人们自发自愿地形成各种各样的组织、社团。社团的兴起和繁荣使得社会自治领域进一步扩大，克服了市场和国家作用的"双重失灵"，同时社团利用市民社会的强大力量形成对政府权力的有力制约和公民权利的有效保障，强化了法律权威，促进了法治的繁荣与发展。"在规制人类社会的一切法则中，有一条法则似乎是最正确和最明晰的，这便是：要使人类打算文明下去或走向文明，那就要使结社的艺术随着身份的平等扩大而正比地发展和完善。"② 在法律范围内，社团作为人们的自治群体满足着人们的各种需求，在个人权利与国家权力之间形成一片缓冲地带。[112] 在以市场经济为导向的经济社会发展中，个人权利与国家权力的博弈需要社会自治的缓冲，其中尤应注重团体社会组织的培育和发展，按照"市场主体——团体社会组织——国家"③ 主体思路

---

① 韩磊："正义原则与中国社会正义制度构建"，《黑河学刊》，2009 年 10 月，第 14 页。

② ［法］托克维尔：《论美国的民主（下卷）》，董果良译，商务印书馆 2004 年版，第 640 页。

③ 随着经济形势和社会形态的演变，"二元"法律结构已难以有效划分实存法，也不足以反映社会结构，因而，有学者提出了"市民社会——团体社会——政治国家"的三元社会结构论。关于"二元"结构理论的现实困境的分析可参见郑少华："社会经济法散论"，载李昌麒主编：《中国经济法治的反思与前瞻》，法律出版社 2001 年版。

进行法律规范的选择，并且通过社会立法强化法律规范的科学性和时效性。

4.1.3.2 正义原则的经济法路径

正义原则的法律规范选择在涉及到国家权力参与的时候选择体现的是一般立宪过程，而对国家权力对经济领域的参与，如果涉及到法律规范选择，即经济法立法，则涉及的是经济立宪的过程，它应当在遵循一般立宪（包含有宪法、法律规范以及社会立法的确立）要求的前提下，具体完善宪法中的经济性条款、普通经济法律法规以及社会立法中的经济性内容。总而言之，在经济领域，正义原则以经济法立法作为基本实现路径。

我国宪法确立的经济性条款中最突出的就有市场经济体制。实行市场经济，不仅是社会经济领域中经济体制与经济运行模式的重大革新，同时也必然在社会生活的其他方面特别是权利的制度建设等方面带来深刻的影响。这种影响的一个十分显著之处是不断推动社会权利制度朝着正当性的方向完善与发展，从而有利于扩大和保障公民的权利。市场经济必然形成一系列推动和促进社会权利制度正义化，使公民权利与自由得到充分实现和保障的客观物质条件。这是由市场经济自身的契约型、自治型以及法制型特征决定的。[1]正义原则要真正实现，从经济法[2]路径来看，可以就以下四个方面

---

[1] 戴剑波：《权利正义论》，法律出版社，2007年版，第137页。

[2] 民商法假设每个人的人格都是平等的，这种平等简言之是一种抽象的平等、理论上的平等、应然的平等。民商法构建了社会上的每一个人参与民商事活动主体资格上的平等，但是这种平等却在实际的民商事活动中被个体的经济参与能力所打破。在实际经济运行中，每个经济参与主体的能力是不同的，强势主体会利用其强势地位与弱势群体进行一些系列貌似公平的经济交往。但实际上，其与其他竞争者之间却存在着实质上的不平等的竞争关系，其常常可凭借其经济优势地位，限制或支配其他竞争者的经营活动使弱小企业在竞争中处于绝对劣势地位，最终迫使弱小企业退出市场。

的法律法规来进行强化：

第一，市场主体法律制度设计。因为市场主体的根本特征表现为其权利主体，所以市场主体法律制度的设计应当围绕权利展开，而权利正义侧重于权利制度的正当性，是指以宪法为依据，以保障人权为根本宗旨，并通过一系列民主制度和法治原则予以体现的权利制度的形式和实质内容的正当性。权利制度及其正当与否受经济运行方式的影响。[114]权利制度及其正当性的确立将有利于自由平等价值的保护，并促使国家权力被重新审视，且受到相应的制约。

从权利体现的内容来看，经济性权利是直接体现社会物质财富和经济利益分配结果的权利。它首要地表现为个体对一定社会财产内容和经济利益的占有，作为基础性权利，经济性权利是其他类型权利产生、存在和运作的客观物质基础。古典权利把保障社会少数人的利益作为自己的主要任务，同时注重对集体权利的保护。而与之不同，近代权利则以普遍的社会个体利益作为权利保障的出发点和最高目标，不仅在内容上确认社会个体纯粹私的利益，而且强调运用具有普遍约束力和强制力的法律手段保障普遍个体利益不受侵犯和权利内容的实现。[114]

根据社会主义法治理念的精神，公平正义是指全体公民在宪法和法律的范围内，平等地享有权利、承担义务，正当的权利都应得到平等的保护，并平等地得到实现。公平正义是社会主义法治理念的首要目标，应当在社会主义法治领域的各个方面得到充分的体现，并在不同的领域和环节通过不同的制度设计来共同促进公平正义的完整实现，但是这种实现必须以在主体的权利结构中得以实现作为先决条件。以市场经济为例，与计划经济相比，它通过"看不见的手"对资源进行有有效配置，它承认个体的合法利益并鼓励人们通过合法手段去追求，任何市场主体都可以凭借自己的意愿在市场体系内自由地进行交易活动，通过这样的一种利益驱动方式，市场经济极大地激活了个体的积极性、主动性以及创造性，促进了人的才能的全面发挥和人的尊严的全面实现。应该说，从市场经济到计划经济的转变，也是经济正义不断实现与拓展的过程，它是对传统经济伦理否定人之求利本性的拨乱反正，克服了计划经济的对人性的过分压抑。通过自由权利的平等以及对个人意愿的充分尊重，唤醒了市场了主体的劳动积极性，极大地提升了社会生产力的发展水平，为社会的繁荣发展奠定了坚实的物质基础。[1] 所以，正义原则在市场主体法律制度中的实现将激发市场主体的积极性和能动性，从而促进市场主体法律制度本身的完善和发展。

第二，市场秩序法律制度设计。市场秩序法律制度设计的核心是要保证在竞争过程中正义原则得以体现。市场经济归根结底是竞争经济，竞争是市场经济内在要求的基本制度原则，市场秩序的法律制度实质上就是竞争法。美国、德国、法国等国的市场一般都经历了一个较长时期的自由发展过程，在市场的竞争中，往往须遵守来自两个方面的规制：一是来自市场的约束；二是来权力机构制定的法规。法规具有双重作用，既有法律层面上为市场提供一种可能性，使那些支配多种情况的约束得以建立，也为市场约束无效（市场失灵）时提供法律保障。[2] 来自市场的约束以自然方式体现正义原则，而来自法规的约束则以宪政的形式体现正义原则。

市场秩序法律制度，即竞争法，所欲保护之首要利益是自由公平的竞争秩序，其笃信竞争秩序的有效有序运行是市场经济所有参与者能够持续地追求利益、社会得以繁荣发展的保障。而竞争法所

---

① 马晓燕：论当代中国社会转型期的正义问题，《思想战线》，2011年第4期，第73－74页。

② 魏琼：《西方经济法发达史》，北京大学出版社，2006年版，第261页。

规范的经济现象总处于不断变动中，社会的问题意识和价值观也会
与时俱变，经济活动的规范要求必然随之转变。不确定性或许是竞
争法最为确定的特点。① 任何一种经济体制与法律机制，都是由相
应的、具体的、历史的条件决定并与之相适应的。不同国家的社会
制度、经济发展状况等国情不同，所面临的市场规制问题的具体情
况也就不同，因此，各国的市场规制法律制度产生、发展的道路也
大不相同，例如一类是内源式现代化国家的市场规制法，以美国、
德国、法国等国为代表，其市场规制立法是一个自然、渐进的发展
过程，是随经济发展的需要而逐步完善的；另一类是外源式现代化
国家及地区的市场规制法，以日本、我国台湾地区等为代表，其市
场规制立法是在政府运用公权力手段推进下展开的，缺失市场经济
赖以持续发展的内在根据。[116] 这两种路径所体现的正义原则所表现
的方式的侧重点也不一样：前者更多地可以自然方式体现的宪政正
义，而后者则一定树立约束的观念来体现宪政正义，否则将面临公
权力无限扩张而实质上违背正义原则。无论是哪种路径，只要是正
义的市场秩序法律制度，自由和公平就是其应有之义。而以保护竞
争为重任的反垄断法如何在国家、市场、经营者自由相互依存、相
互交织、相互冲突的"张力"之下不断调和、均衡，以满足并实现
立法之善与事实之真二相合一的正义之需呢？具体可以从以下三个
方面解决该问题：维护自由竞争的优先性；经营者自由与国家干预
的限度；规制行政垄断，重构市场主体的真实平等。作为政府和立
法者，当下亟待考虑的问题是如何扩大自由企业平等地进入行政垄
断领域的权利，并加大对中小企业的经济和科技创新扶植力度，并

---

① 王红霞、李国海："'竞争权'驳论——兼论竞争法的利益保护观"，《法学评论
（双月刊）》，2012 年第 4 期，第 99 页。

不断增强我国中小企业自由参与市场竞争的能力。①

　　第三，宏观调控法律制度设计。宏观经济调控是指国家从经济运行的全局出发，运用各种宏观经济手段，对国民经济总体的供求关系进行调节和控制。宏观调控经济职能自从国家产生以来就具备了，并始终是国家承担的重要经济职能之一。到了近代，随着大工业生产的发展与经济生活的日益社会化、规模化、国际化，政府代表国家对经济发展的调控，无论从其涉及领域的广度，还是从措施手段的力度，均有所变化。宏观调控法的核心职能是宏观调控，主要通过计划政策、产业政策、财政政策、税收政策、货币政策、价格政策及其经济手段的运用，实现宏观调控的总目标，为此必须对这些经济政策及经济手段加以法律化，这导致与各种经济政策相对应的计划法、产业法、财政法、税法、金融法和价格法的产生，并构成了完整的宏观调控法体系。[1:6]诚然，宏观调控的法律制度固然能够规范政府宏观调控的行为，防范其滥权与专制，但其本身却无法确保政府能够正确地制定出良好合理的宏观调控政策。因此，宏观调控的法律制度与其是否能够有效促进国民经济的协调、稳定和可持续发展并不具有必然联系。也就是说，仅仅将控权作为宏观调控法的立法目的并不能对立法过程起到应有的导向作用。② 因此在设计宏观调控法律制度时不仅要通过法律的限权来保障宪政正义，而且要通过法律的赋权来实现正义原则，公平正义的立法实现要求宏观调控的立法在实质内容、形式和程序三方面遵循社会生活的客

---

① 周灵方："竞争正义如何可能——反垄断法的经济伦理学批判"，《求索》，2012年3月，第118页。

② 王新红："规则约束下的相机抉择——宏观调控法几个基本问题的再思考"，《法学论坛》，2010年9月，第53页。

观规律，满足社会的公平正义需求。①

第四，社会分配法律制度设计。一个正义的社会，必定是社会生产力高度发达、经济繁荣的社会，因此，经济正义也就成为社会正义的基础性条件。在经济活动生产、交换、分配、消费四个阶段的过程中，分配阶段的正义对于实现社会正义最为关键。特别是我国目前处于社会转型的历史时期，贫富差距、城乡对立等问题有日趋严重的趋势，民众对于改革收益分配的公平性诉求越来越强，如何公平、合理、有效地配置社会资源成为缓解社会矛盾、缩小贫富差距、维护社会稳定的关键所在。在当前我们的现实国情下，应当继续坚持和完善以按劳分配为主体、多种分配方式并存的社会分配制度，健全劳动、技术、资本、管理等按生产要素贡献分配的制度，平衡公平与效率在初次分配和再次分配中的关系。[115]同时，权利在本质上代表着社会中个体成员所掌握的财富。与之相对应，权力在其主要方面代表着国家共同体所掌握的事实上应当归属于社会全体共同所有的那部分社会财富。[114]社会分配法律制度中的正义是一种制度性正义，它需要用法律制度的形式固定下来，同时也是一种结构性正义，在进行权力与权利的总量分解时，权利的正当性一方面

---

① 首先，实质上的要求。公平正义的立法实现要求立法在内容上把宪法基本权利具体化，并规定具体的权利救济措施，规定侵权和违法行为的法律责任；立法在精神、原则、规则上体现对秩序、安全、自由、平等、人权的促进和维护。其次，形式上的要求。公平正义的立法实现要求法律规则在形式上具有明确性、可预期性、公开性、普遍性、可行性、统一性以及稳定与变动的统一性。再次，程序上的要求。公平正义的立法保障要求，民主、科学的立法程序和科学的立法方法。民主、科学的立法程序是公平正义实现的程序保障，有助于法律反映社会公众的公平正义要求。科学的立法方法是公平正义的技术保障，有助于法律规则表述的科学性、逻辑性、法律体系的统一性以及提高立法效率。具体参见张金来："公平正义的法治实现"，《陕西职业技术学院学报》，2007年9月，第33页。

要求个体成员所获得的社会权利总量能与其掌握的全部物质财富相匹配，另一方面也要求社会公共财富能以国家权力的形式在法律中得到合理的体现，并且在权利总量和权力总量之间以及个体财产和公共财产之间形成基本等同的对应关系，从而实现权利分配制度的合法性与正义性。总之，在设计社会分配法律制度中，正义原则应当以法律制度的形式体现，其主要内涵就是社会成员或群体成员之间基本权利平等，权利与义务相统一，权力和责任相统一，各种资源合理有效分配，从而促进经济社会的全面可持续发展。

由此可见，正义原则通过法律制度化在经济法的各个方面都具有实现的路径。

4.2　正义原则在经济宪政中的构建

正义原则在经济宪政的构建主要探讨经济宪政过程中，正义原则所表现出来的具体法律形态。正义原则是预定的，但其具体形态是可以根据社会实际情况来设计的，这种设计成果以具体的权利（力）形态等法律形式而存在，并且这些具体的权利（力）将形成一定的结构分布。

4.2.1　经济宪政中正义原则的设计思路

宪政是现代国家制度下所有对宪政自由有所思考的个体都能参与和施加自身影响的政治模式，而不是狭窄地把参与主体限定为国家（政府）。经济宪政将整个社会的经济活动建立在宪法的基础之上，并为其提供一套体系完备、价值明确的经济规范与命令，而此种规范及命令立基于社会契约的一致同意、理性共识以及合法授权。

在由经济宪政所锻造的权力架构中，能够缓解"自由—干预"、"公共—个体"这两对范畴内在的紧张矛盾，实现内部的有机平衡与支持互助。一方面，经济个体的自由能够得到有效保障，国家经济权力的行动却并不"自由"，须受到严格的宪政约束；另一方面，公共与个体实现了和谐共存，两者互相支持，共同繁荣。公共的存在以个体的利益为依归，公共目的以满足个体需求为前提，忽视个体的绝对公共化被否定，公共经济行动必须为保护个体经济权益支付相应的宪政约束成本，由此公共的扩张被有效控制。同时，公共经济权力非为国家独有，所有社会成员通过经济宪政共享公共经济权力，这样经济权力就被关进"牢笼"，整个社会得以安享权力之利，而不为其所伤。[52]但是经济宪政不应当仅仅表现为对国家（政府）权力的约束，而且应当源于正义原则，因为对国家（政府）的约束之所以必要，是因为它和正义相连，首先国家（政府）的权力的形成就应当受到立宪正义的约束，其次国家（政府）权力的行使应当受到一般宪政正义的约束。这种约束的最重要的法律制度化的形式当然是宪法。所以法律制度或者说经济宪政体系中的正义原则设计是其最基础的内容。

在经济宪政体系中，正义原则的设计应当沿以下问题展开设计思路：正义原则如何在经济宪政中得到具体体现？符合正义原则的经济规则与市场规则的评判标准是什么？正义原则引领下经济宪政建设的着力点在哪里？

正义原则在经济宪政中的具体体现应当围绕权利保障来进行，权利及权利让渡所形成的权力的形态及其架构是正义原则的具体体现。基于权利的基础性和优先性，经济正义法理原则的首要价值就是经济自由（自由乃是经济权利的核心）秩序，这既能容忍国家经

济权力干预经济的一定行动，又必须使干预为经济权利的自由服
务;① 经济宪政构成了经济权力行动的绝对命令，是其不可违抗的
"宪政意旨"。经济宪政为现代国家与市场经济的深度融合、互动合
作提供了正当性依据与制度框架。市场经济的随意性能得到国家的
有效控制，国家对经济的干预可以转化为对市场与竞争的实质性支
持。经济正义法理原则尤其能对经济法律的立法与研究提供实质性
支持，使经济法律制度获得宪政意义上的正当性与合法性解释。[52]

符合正义原则的经济规则及市场规则应当以正义原则在经济法
治中的实践发展作为评判标准。如果正义原则虽然法律制度化为经
济规则或者市场规则，但却无法经济法治中得到实践发展，那么这
种法律化、制度化的经济规则或者市场规则就不能被称为真正是正
义的。

而正义原则引领下经济宪政建设的着力点则是针对经济法治过
程中正义原则偏离所采取的法治对策，其具体内容将在下一章专门
加以阐述。

4.2.2 经济宪政中正义原则的架构

经济宪政中正义原则的架构旨在描述经济权利（力）的各种形
态，并指出这些权利（力）形态在保障正当性的条件下是按何种结
构分布的。

---

① 转型时期的经济法是对个体经济自由权和经济平等权的保障，但个体的经济自
由和经济平等都是法律秩序之下的自由和平等。经济自由权是个体的自由在经
济生活中的体现，它对于整个经济法而言具有核心的价值地位。经济自由权主
要包括职业自由权、营业自由权和相关的迁徙自由权等内容。它是相对于个体
的政治自由、社会自由和文化自由而言的，同属于个体基本自由的构成部分。
参见吴越：经济宪法学导论，法律出版社2006年版的，第4页（前言）。

4.2.2.1 经济权利（力）的形态

经济正义法理原则的权利（力）形态具体表现为经济权利和经济权力。具体阐释如下：其一，在经济权利方面，经济宪政以个体财产权的调整作为起点，同时在契约自由和劳动权的博弈、平衡结构中，展开消极权利与积极权利、经济自由与经济权利的二元对峙的权力结构。① 这种对峙反映了平等与效率之间的张力。虽然经过新中国多年的权利建设，我国公民在政治、经济、文化和社会生活的其他方面已享有比较广泛的权利和自由。但无论是因循传统的因素还是着眼于现有的制度脉络，当前我国在权利立法和权利的制度化建设上仍存在诸多问题。② 经济自由和经济权利仅用静态的经济宪法确定远远不够，还需实施经济宪政，真正保障私人的经济自由和经济权利。③ 这是对经济权利的内部形态划分的，因为从根本上经济自由也是经济权利的核心部分，相对资本方的经济自由权利与

① 经济自由是适应市场经济的效率要求，人们自由开展经济活动，享有不受政府干涉的权利，其中，契约自由是经济自由乃至一切自由的集中表现。经济权利是在经济计划大萧条以后适应政府干预经济、推行福利国家政策的需要产生的，其中劳动权是权利的普及，最低工资保障、最低生活水平保障和社会救济等经济权利成为权利的最后屏障。
② 例如：其一，政府与市场的关系没有完全理顺。表现在自由市场的发展过度依赖于政府行为；政府调控经济手段的理性程度有待进一步提高；由公共决策失误、效率低下、贪污腐败、权力"寻租"等所带来的政府失灵严重地威胁着自由市场的发育和市场经济的正常发展。其二，社会的公平与效率问题仍然没有得到根本解决。对社会弱势群体的权利保护非常不够，特别是农民的权利保障仍然存在重大欠缺。其三，公法权利与私法权利的结构不够合理。无论从历史还是现实看，在我国，公法权利都绝对地比私法权利更为发达和强大。由公、私权利结构失衡所导致的私法权利欠缺所引起的直接后果便是公法权利的同时缺损和失真。具体参见戴剑波：《权利正义论》，法律出版社，2007 年版，第226 页。
③ 严颂、何跃春："经济宪政的社会和谐功能考量"，《重庆科技学院学报（社会科学版）》，2006 年第 6 期，第 2 页。

相对于劳工方经济劳动权利都归属于经济权利，不过后者经济劳动权利更与国家（政府）权力的保障密不可分。其二，在经济权力方面，其行使要遵循以下原则：要对称地行使权力，即让政府与社会成员之间对称性行使权力；经济权力的行使限定在一定范围，且需遵循严格的程序，不得随意扩大经济权力的活动边界；经济权力不得阻碍市场机制的正常运行，不得随意破坏、扭曲市场"无形之手"在资源配置领域的调节导向作用。[120] 要实现经济权力的对称行使，一方面需要以经济权利来加以制约，另一方面也需要经济权力的内部分权与平衡。所以，经济正义法理原则具体表现为经济权利（力）形态的保障，从根本上看是对经济权利的保障，而经济权力也只有作为经济权利的保障手段时才具有正当性。而这些权利（力）形态只有在各其内部，以及权利与权力之间形成平衡时，才具有稳定性和正当性。

不过经济权利虽然具有基础性地位，经济权力派生于此，并且经济权力的行使要符合法定的范围，但这并不意味着经济权利自由与经济权利平等可以毫无限制，它们首先是法律秩序下的自由与平等，既为宪法所保护，但更为宪法所约束，不仅为宪法所规定的其他经济权利的自由与平等所制约，而且为保障不同经济权利自由和平等的平衡经济权力所制约，这些是经济权利自由与平等的内在之义，否则它们只会走向自身的反面，权利的保障异化为权利的放纵，反而阻碍自由与平等的实现。当然，我国在由前现代向现代迈进的过程中，缺乏自由与权利的自发意识，国家权力仍在社会中处于主导地位，因此我国转型时期的经济法仍应重点关注规制政府经济调节的权力，同时注重发挥政府的职能，要在控制国家权力与保障国家调节之间保持必要的张力。

4.2.2.2 正义原则在经济宪政中的形成及架构

正义原则的权利（力）追溯其形成和构成状态来看，就是正义原则在经济宪政中的形成及架构，它不仅表明一个立宪形成过程，体现立宪利益，而且表明一个立宪后的经济权力（利）架构格局，体现立宪理念。立宪理念与立宪利益的差别源于不同的宪政偏好。宪政偏好是行为人对不同规则或规则集合的偏爱，这一偏爱通过投票选举或其他形式显露出来，以决定共同体中执行规则的排序。要在立宪选择上达成广泛一致，共同的宪政偏好是必要条件。在偏好不同的情况下，讨论社会治理的共同规则无疑是缘木求鱼。尽管偏好这一概念通常是在主观价值的意义上来理解的，人们将其视之为行为者对潜在选择目标的主观评价，但在使用过程中，评价成分与认知成分却往往被混合在一起，换而言之，人们把对选择的潜在结果的评价（利益）与对这些结果可能是什么的认知（理念）混合在偏好概念之中。例如，一个人偏好欧洲车甚于美国车，这不仅反映出他心中的价值或利益倾向，而且还深深渗透了对于购买欧洲车而非美国车所会导致的后果的事实性预测或理念，预测有对错之分，但评价严格说来却不能做出对错的判断。[①] 布坎南认为，一个人如何选择潜在的可替代之物，不仅表明"他想要什么"，而且还表明"他相信什么"，因而对某些选择而言，行为者的信念或理念起着至关重要的作用。在立宪选择中，第二个要素尤其重要，人们对于不同规则及规则体系的运行性质的理念（而不是他们对预期结果的利益考量），对他们的选择行为具有关键的作用。[②] 很显然，在经济宪

[①] 参见［美］詹姆斯．M. 布坎南：《宪法秩序的经济学与伦理学》，朱泱等译，商务印书馆2008年版，第74页。

[②] 唐寿宁：《经济学的宪政视角——〈经济学与宪政秩序的伦理学〉述评》，载《管理世界》2005年第8期，第167页。

政中要合理地架构正义原则必须考虑宪政偏好，这可以分解为两个要素：立宪理念与立宪利益。立宪理念是行为人对可选规则可能产生结果的预测（体现着假设与信念），这些预测可以用对或错的标尺来衡量。立宪利益则是行为人对预期结果的主观评价，对或错这样的定语对这种评价是没有意义的。[121]因此，宪政偏好中的认知成分与评价成分根本不同，由于这种差别的存在，立宪意见一致对"立宪利益"和"立宪理念"提出的问题是有区别的。在经济宪政中形成正义原则主要体现的是立宪利益，而在经济宪政中的架构正义原则则集中体现立宪理念，即集中表现为经济权利（力）形态，它可以从以下四个方面进行搭建：

第一，保障基本经济权利。包括：加强财产权的保护；扩充经济权利；改进公民迁徙自由权；保护平等的就业权充实公民的社会保障权等。第二，扩充人大的经济职权，切实发挥人大对经济民主的促进作用以及对政府经济权力行使的监督。具体来说，人大应享有以下经济职权：基本经济制度的选择决定权；宏观经济决策权（经济社会发展的规划权、预决算权、资源权、货币权、产业权）；政府产权；公共产品定价与议价权。发挥人大对政府公共经济行为的监督制约作用，对政府经济行为实行问责、免责制度，形成对政府预算、决算、财政支配、经济干预等行为的硬性约束，特别是对社会民众反映强烈、政府推手作用明显的教育收费、医疗收费、房价虚高等现象，实行人大商议式的民主约束，以顺应民心民意，促进社会和谐。第三，规范经济权力，缩小贫富差距。必须通过经济正义法理原则严格规范和约束政府的市场管理、宏观调控、经济监督等权力，防范集权滥用与经济专制。解决社会成员收入悬殊的差距，政府责无旁贷，政府必须采取有效措施，创造平等的竞争环境，为每个社会成员提供平等的就业机会；并完善社会分配制度；完善社会保障体系。第四，改进现行执法司法体制，保证公正执法司法。执法规范是公民权利基本的保障前提，司法救济是公民权利最后的救济手段，要促进经济宪法和法律的落实，并通过经济执法、经济司法制度的改革完善，在执法方面，实行市场经营与市场监管相分离的制度、非法执法的责任追究与赔偿制度，在司法方面，实现立案与审判分离、审判与执行分离、审判和审监分离的制度，审判、检务公开制度，错案责任追究制度等，切实维护公民经济权利的安全。[120]

4.3　正义原则在经济法治进程中的发展

就经济宪政而言，正义原则具体体现为经济法治的权利（力）形态，包括其形成及架构，即贯穿于立宪阶段和立宪后阶段的整个经济法治过程，同时，正义原则的发展具体表现为符合正义原则的经济规则或市场规则的发展，符合正义原则与否的经济规则或者市场规则有且只有置于这个经济法治整个实践发展进程中也才可能得以评判。法治是社会民主与公平的旗帜。现代市场经济的一个重要特征就是崇尚经济法治，政府对市场经济活动的管理，无论是宏观方面的调控还是微观方面的调节，都必须在法律规定的范围和限度内通过法定的手段来进行，这也是一个成熟法治社会的应有之义。唯有如此，才能确立完整严密并且确保自由的市场规则体系，才能促进良好、规范的市场秩序的形成，维护市场机制的有效运转。法治为市场经济提供制度支撑，起到规范政府行为、保障公民权利的作用。在法治的状态下，人们的思想和行为不仅可以获得最大程度的自由，而且，还可以从最大限度上实现社会的公平和正义。故而，法治的实践发展过程本身是检验经济规则与市场规则是否符合正义原则的过程，经受得住实践发展检验的是正义的，经受不住检验的一定是不那么正义的。现代市场经济在本质上是法治经济，而只有符合正义原则的法治才在本质上可以称为宪政。在经济法治实践发展中形成并完善符合正义原则的经济规则和市场规则具有积极意义，它有助于贯彻经济宪政思想，真正实现经济宪政。

经济法治的实践发展其实与正义原则法律制度化的过程是密切相关的，符合正义原则的经济规则和市场规则是通过经济法治的实践发展而得以发展的。它主要包括两个阶段：即立宪阶段（经济法立法阶段）以及立宪后阶段（经济法运行阶段），在宪政偏好上，更注意前一阶段的可能会侧重立宪利益，而更注意后一阶段的可能会侧重立宪理念。

4.3.1 正义原则发展的逻辑起点

正义原则发展的逻辑起点是"意见一致"，正是在这个起点上，经济法治展开其实践发展的立宪阶段（即经济立法阶段）。

但是在讨论一致的问题上，依据布坎南的观点，存在着一致的社会契约观和对话观这两种截然不同的知识传统，一致的社会契约观主要关注利益成分，而对话观则主要关注理念成分；也就是说社会契约观可能更注重立宪过程中经济法立法时各方意见的一致，而对话观则可能会更注重立宪后的经济法的运行时各方意见的一致。

一致的社会契约观将主要注意力集中在立宪利益上，通常关注"具有潜在相互冲突的立宪利益的个人之间如何能就规则取得一致意见"。[121]约翰·罗尔斯的《正义论》为此一问题的解决提供了范式。他假定选择者处于"无知之幕"的背后，虽然他们完全了解可选规则的运行性能（具有完美的立宪理念，不存在信息问题），但却无法具体知道自己将如何受到可选规则的影响。由于对特定结果的预期利益是无知的，选择者便会对规则作出公正的判断。此时，立宪利益上的潜在冲突并没有消除，但无知之幕把个人间的潜在冲突转化为个人内在的冲突，减缓了可辨识的立宪利益之间的冲突。尽管在现实世界中，人们并不是全然不知自己的特定立宪利益，但也不是一清二楚。布坎南认为，无知之幕的厚度是可以根据实际选择环境的某些特点而改变的，这并不是一个确定的、不可改变的约束条件。影响无知之幕厚度的变量在某种程度上可以操控，因此，理性的行为者可以采取精心设计的措施将自己置于较厚的帷幕之后，加强立宪利益的不确定性程度，从而增大达成一致的前景。在这里，最为关键的是规则的普遍性与持久性。规则的普遍性越大，有效性越长，对可能影响自身利益的具体形式人们就越不确定。因此，在较厚的无知之幕后，人们更易采取不带偏见的立场，具有更大的可能达成一致。不确定的程度越高，也就意味着被选择规则的公平程度也越高，无疑其稳定程度也更高（因为这表明规则能够得到较高的服从，不容易崩溃而导致重新谈判）。[122]从根本上看，如果把立宪过程看成一个投票过程，对立宪利益的关注主要源于对是否获得投票参与的权利问题的关注。

对话观则将主要注意力集中在立宪理念上。由于立宪理念是行为人对可选规则可能产生后果的客观认知，因此在不同行为人的不同认知中，一定存在着较为"科学"的一种。显然，对话观中的"一致意见"及其正当性问题转向了对立宪一致意见作"真值判断"解释。哈贝马斯认为，判断一致意见具有正当性的客观标准只有一个，即"公正评价所有当事人的利益"。他指出，有效或合法的规则并不是人们在规定条件下碰巧达成一致的那些规则，而是由于体现了所有当事人公认的共同利益而应该在各主体之间得到承认的那些规则。立宪一致意见之所以具有正当性力量，并不是因为它是"一致意见"，而是因为它"对相关的每一个人都同样有利"。[121]立宪过程可以被视为是一个通过理性对话而做出真值判断的过程。同样从根本上看，如果把立宪过程看成一个投票过程，对立宪理念的关注主要源于对最终是否有利于每个人问题的关注。

正义原则发展中无论是一致的社会契约观还是对话观，对立宪过程中一致意见的正当性判断标准都是程序性的，而非结果性的，即宪政规范的合法性取决于达成一致的过程，而非参照某一事先确定的"理想体制"来判断。但在契约观的框架中，宪政规范被视为合法的依据在于这些规范得到了一致同意，而与规范的性质无关。个体通过自愿的选择将其利益体现于一致同意的规则之中，从而确保了规则的公平性。在对话观的框架中，对宪政规范合法性的判断已经超出了一致意见本身，它所关注的不是简单的个体利益间的相互妥协，而是被同意的规则本身是否被值得归类为"对相关的每一个人都同样有利"。简而言之，两者在确保公平程序的理解上是不同的，契约观将立宪同意的合法性等同于自愿性，而对话观则将其导向了真值性判断。

就这一经济立法环节而言，如果没有经济法治实践发展过程中的"意见一致"的起点，那么就没有正义原则可言，它是对符合正义原则的经济规则和市场规则进行评判的一个重要标准。

4.3.2　正义原则发展的条件保障

正义原则在经济法治中形成"意见一致"的这一发展过程，实质上也是一个立宪过程，是一个经济规则和市场规则形成的过程。如果这一过程无法实现，那实际意味着正义原则无法得以发展，导致这一现象的原因主要在于立宪意见的不一致。

　　立宪意见的不一致既有可能是源于立宪利益的不一致，也有可能是源于立宪理念的不一致，还有可能是源于两者的都不一致。因此，在经济宪政规范的选择过程中，需要对这两种成分进行仔细辨别。如果规则选择上的分歧反映的是利益上的分歧，那么达成宪政同意显然就是一个妥协问题，而不是"发现真理"的问题。在这一层面上，"讨论、对话、理性和科学都不具有权威以产生一致意见"。但可以通过某些技术性的措施，增大"无知之幕"的厚度，加强立宪利益的不确定性程度，并对之进行调和，从而找出每个人都能接受的条件，以合作取代冲突，促使妥协的达成。但如果规则选择上的分歧反映的是理念上的分歧，那么一致意见的达成无疑就是一个何为真理的判断过程。在这一过程中，有必要引入科学研究中各种理论假说的"互争互辩"模式，进行广泛的社会对话和讨论，从而找寻出"对每一个相关者都同等有利"的"真理性"规范，这是正义原则发展的条件保障，具体而言，就是个人要能够成为社会公平合作体系中的充分参与者，应该是相关自然资质的知识和社会知识的兼有者。显然，无论是社会契约观的"妥协一致"，还是源于对话观的"在真理问题上的一致"，都是需要非常强调主体的参与性。因此，我国以正义原则为价值目标的宪政建设都应增强公民的参与性，应充分借鉴罗尔斯的"理想公民"理论，深化政治自由，扩大政治参与，强化政治公开，并在宪法权利上予以明确，当相应权利受到侵害时，必须存在足够便捷、高效的救济手段与途径。总之，在我国经济正义法理原则的发展过程中，尚需根据"理想公民"的理念，保障公民政治自由，巩固公民自我价值与认知，增强公民的义务感和职责感，实现社会主义法治。①

所以更进一步看，公民的参与性也是在经济法治实践过程中，判断经济规则和市场规则符合正义原则与否的重要标准。

4.3.3 正义原则发展的补偿机制

"一致同意"或者"意见一致"通过判断经济规则或市场规则是否符合正义，可以进而判断其是否符合经济宪政的要求。因为符合正义原则的经济规则和市场规则是经济宪政的规范性要素，正义原则本身也是阐释经济宪政的重要判断标准。当正义原则的内容过于抽象而不足以成为充分地阐释经济宪政的判断标准时，我们无疑可以以布坎南的"一致同意"原则进行程序上的辅助判断，即任何一项宪政经济规则必须经过"一致同意"，不损害每一个人的利益，否则，我们便可以深深质疑其存在的正当性与合法性基础。总之，"一致同意"原则强调的是宪政规范的合法性取决于达成一致的过程，而非参照某一事先确定的"理想体制"来判断，因此它的正当性判断标准是程序性的，而非结果性的。同时需要强调的是，"一致意见"的达成虽然需要支付高昂的决策成本，但考虑到宪政规则作为一种元制度与元规则的基础性地位以及其失控后对社会的颠覆性破坏，这种成本的支付也许就是值得的。布坎南关于宪政一致达成要素的这一深刻洞见，无疑对当下中国经济宪政规范的选择过程与选择模式具有巨大启示。它不仅修正了我国长期以来对于经济宪政规范功用与目的的某些偏见，更为我国在社会转型时期实现经济宪政正义指明了可能路径。

---

① 刘典金："论罗尔斯的政治正义思想及其对中国宪政建设的启示"，《延安大学学报（社会科学版）》，2009年2月，第53页。

一般来说，不能形成"一致同意"的经济规则或市场规则及其运行可能会是缺乏经济宪政正义的，其背后更深的原因或许是没有满足参与性的要求，或许是因为强权霸道的缘故。但无论是哪种形式，那些受到不正义对待的一方如果能保留某种补偿机制，则通过纠正实现的正义仍然可以称为经济宪政正义。经济规则或者市场规则及其运行是否准备了这套补偿机制也是判断其是否符合正义原则的重要标准。

具体来说，这套正义原则发展补偿机制的核心内容是公共理性和司法审判。罗尔斯认为公共理性构成了正义和宪政问题的基础与前提，而最高法院则是公共理性的表现的典范。① 法官在司法活动中必须诉诸于公共理性以及共同的价值标准，以及从公共理性的角度看是最合乎理性理解的那些政治价值。社会的公共信心建立在公共理性的基础之上，而形成公共信心的关键则是司法审判。因此罗尔斯公共理性的观念是通过现代司法的公正审判、尊重与保障人之生命、自由、尊严的价值追求来实现的。如果司法审判无法成为公民人权保障的"防火墙"，那么公共信心自然也无法建立，宪政所追求的自由价值和人权价值也会丧失其实然性基础，宪政对于人权保障的功用也就无法超越道德保障的水准。[123] 所以基于正义原则发展补偿机制的这些核心内容，进一步来可以这样表述，是否具备有公共理性及司法审判机制本身就构成经济规则与市场规则是否符合正义原则重要判断标准。

---

① 罗尔斯认为，最高法庭的作用不仅是辩护性的，而且通过发挥作为制度范例的作用，对公共理性发挥恰当而持续的影响。

第 5 章

正义原则在经济宪政中的实现

　　作为正义原则设计所要着重考虑的问题，正义原则引领下经济宪政建设的着力点，应当落实在偏离正义原则行为进行纠正的法治对策上，这是正义原则在经济宪政中得以实现的落脚点和根本保障。

　　不过，这种纠偏的法治对策主要是体现在确立宪法①后的法治的运行阶段，而对于确立宪法阶段，罗尔斯的正义二原则表明了经济立宪所必须要遵循的伦理约束，任何经济宪政规则都可以放到这两项原则之下进行审视和考量。凡是不符合这两项原则要求的宪政规则，其正当性必须受到拷问。当然，正义二原则仍然存在相当的抽象性与模糊性，在理解与适用上不可避免的会出现一定程度的争议与分歧。因此，我们有必要采取一些客观的程序性的标准对实质的宪政经济正义进行辅助判断。对此，布坎南的"一致同意"原则给我们提供了很好的启示。经济宪政规则的选择实际上就是集体经济行动领域内的立宪过程，就人类基于民主实践的经验性认识而言，立宪过程只有在各相关利益群体之间达成一致才具有充分的正当性基础，这是经济宪政秩序建立的根本原则，也为不同的知识传统所

---

　　① 这里所称的确立宪法，主要是针对成文宪法国家的制定宪法而言，与具有限权特征而带立宪性质一般法律制定有区别

广泛接受。然而"一致"本身是个内涵极其丰富的概念，在不同情境中有不同含义，对"一致"的笼统理解，往往削弱了其本身所具有的合法性力量，也不利于经济立宪过程中"一致"的广泛达成。范伯格与布坎南在1989年的一篇文章中①曾对立宪选择中的"一致意见"进行了细致考察，指出一致意见承载的正当性力量可以在不同的维度上进行辨认，如一致达成的条件、过程或"显示"方式（如明示的一致与暗示的一致，最初的一致与现在的一致等等），进而区分并界定了立宪选择中的"利益成分"与"理念成分"，揭示出具有合法性力量的一致意见达成的可能路径。通过对此理论的梳理与解析，无疑能够探求经济宪政正义的程序之维——"一致意见"达成的可能路径，并为当下中国经济社会的经济宪政正义实现提供了有益启示。故而，在确立宪法阶段，正义原则主要是通过"一致同意"得以实现。

5.1　经济宪政中的正义偏离

宪政的正义原则这一命题的提出，就确立宪法后而言，其现实基础在于违宪现象的泛滥，违宪在本质上其实是正义的偏离。经济正义法理原则具有一般宪政正义原则的特征，对它的违反同样也往往表现为违宪，因此，对经济正义法理原则生成背景的考究也就使得一般意义上②"宪法为什么会被违反"——也即宪法违反的原

---

① Viktor Vanberg, James M. Buchanan："Interests and Theories in Constitutional Choice", Journal of Theoretical Politics, Vol. 1, No. 1, 49–62 (1989).

② 因此，下文对普遍意义违宪的纠正，不仅适应于一般的宪政正义，也完全适用于经济宪政正义，这是宪政贯彻有国家参与的经济领域所必需。

因——这一问题被提了出来，因为只有对违宪原因也即经济宪政正义偏离原因的深入理解，才能使得经济宪政正义问题具有研究的现实意义。本文对违宪原因的探讨，将不仅仅立基于法律层面的阐释，还将引入制度经济学、社会学、政治学等多学科的研究视角，这也从侧面证明，宪法问题固然可以从规则层面予以解释，但其仅仅从规则层面解释却是不够的，宪法的施行、宪政的实现与价值判断、社会环境、政治传统、经济发展是紧密相关的，从不同视角对违宪原因的透视，能使得我们对经济正义法理原则这一命题的提出具有更加深刻的现实感知。

5.1.1　违宪实质上是一种正义偏离

何谓违宪？有学者认为，违宪的判断不外乎基于两点：其一，法律和命令的通过是否具备宪法上规定之条件、是否依照宪法上规定之手续，如是立法否履行了宪法规定的程序、是否具有法定票数，这是形式上的条件；其二，法律和命令的内容是否违反了宪法内容的规定，这是实质方面的条件。无论是形势违宪还是实质违宪都改变不了违宪的本质，在宪法具有司法适用性的国家，违宪还须接受法院的制裁。① 虽然目前学界对于违宪主体的范围仍然存在一定程度的争议②，但对违宪的定义却是清晰的，即与宪法的精神、原则以及规范相抵触或违背的行为。根据凯尔森的"纯粹法学"理论，

---

① 王世杰，钱端升：《比较宪法》，中国政法大学出版社2004年版，第313页。
② 有的学者认为一切违法行为都是违宪行为，公民个人可以成为违宪的主体；有的学者在则认为宪法的主要任务在于规范国家权力，因此公民个人不能成为违宪的主体。在此态度上的分歧成为广义违宪论与狭义违宪论的分水岭。参见肖蔚云：《宪法学概论》，北京大学出版社1985年版，第43页；蔡定剑：《关于什么是宪法》，《中外法学》2002年第1期；夏勇：《中国宪法改革的几个基本理念问题》，《中国社会科学》2003年第2期。

宪法在国内法律秩序中居于最高位阶，成为其他一切法律法规效力来源的终极渊源。任何一个法律规范逐级向上回溯，最后必然回归到相应的宪法规范。宪法的形式权威在于其效力向下的严格传导，从而构建起严密、规整的法律大厦。但现实世界中的宪法并不如凯尔森所强调的抽离了一切内在的主观价值，只剩下纯粹的形式文本，在宪法形式上的最高效力之中仍然储存着一些基本的普世价值，如正义、自由、民主等等。宪法的权威一方面来自于形式上赋予的最高效力，但另一方面也取决于民众对其所持守价值的内心认同，而宪法的生命力也在这些恒久价值的重新阐释、不断发展过程中得以丰富、圆满。如果只是强调宪法处于一种严密的形式逻辑体系之中，忽略其内涵的价值判断，宪法的生命力注定不会长久。因此，违宪从表面上看是一种信息偏递，即宪法的形式效力在向下传导过程中的偏离与弱化，但从实质上看则是一种价值偏离，即由宪法文本所固化的价值追求在施行过程中的扭曲与异化。那么宪法本身又内涵了哪些价值？宪法追求的价值有很多，如正义、自由、民主、分权、限政等等，而其中正义处于统领与价值核心的地位。因为正义定义的是权利分配的基本结构，国家权力的设置、运行无不围绕这一结构来进行，所以无论是自由、民主还是分权、限政都是在正义所提供的价值体系框架中来实现的。正义本身既是宪法所直接追求的价值目标，也为其他价值的正当性提供了判断标准。而从宪法的历史渊源来看，自然法对其有深远影响。自然法作为超验的"理性法典"，提供了人类认识世界的"正义体系"，它不仅为宪法形式上的最高效力提供了合法性基础，自然法的内容本身就成为宪法的渊源，通过世俗立宪转化为宪法规则。自然法与正义在某种程度上可以视之为一对互通的词汇，因此作为自然法则法律化结果的宪法，便天

然与正义具有紧密联系①，宪法自身的合法性必须放到正义的标尺
之下进行价值判断与考量，宪法的实现过程也就是自然正义的生产
过程。由此视之，违宪过程中的价值偏离其实就是正义偏离，正义
偏离的危害性不仅在于从形式上摧毁了法律效力体系，导致法律秩
序混乱，更致命的是造成了正义价值体系的崩溃，非正义得以盛行，
正义日益消弭，从而形成"劣币驱逐良币"的恶劣局面。

5.1.2 经济宪政中正义偏离的类型

经济宪政中正义的偏离类型可以从不同角度进行划分，具体阐
释如下：

第一，经济宪政正义类型的主体视角。宪法的违反正义，就主
体而言，主要是针对国家机关及其领导人而非公民个体。因为宪法
实际上是人民与国家之间的契约，国家权力的存在及其运行以保障
公民基本权利为依归，因此宪法也就是规范国家权力的"限政之
法"，违宪一说也就只能针对国家权力而非公民个体。正如蔡定剑先
生所指出的一样，"宪法精神告诉我们，公民缺少违宪的'资格'，
不能成为违宪的主体，因而也不存在公民违宪问题。"② 尽管在二战
以后，随着个人权利领域的拓展，德国一些学者提出了基本权利的

---

① 自然法的学说，在一定意义上可以说是关于正义的理论，因为它表示一种对于
正义秩序的信念。这种学说认为这种正义秩序是普遍适用的，并且是各种形式
的成文法所能存在和有效的根据。正义和法律密不可分，正义是法律的内容和
法律的尺度，法律是正义的体现和实现正义的手段，法律必须蕴藏、体现和实
施正义，反之就不是法律。如格劳修斯就认为，自然法是正义的理性法则，任
何与理性相适应的行为就是道义上的公正行为，反之就是道义上的恶；法律纵
使无武力做后盾，也并非毫无效力，因为遵守法律就是正义，而正直者的良心
赞成正义谴责非正义。参见付子堂：《法理学进阶》，法律出版社2005年版，第
169 – 170 页。
② 蔡定剑：《关于什么是宪法》，《中外法学》2002 年第 1 期。

第三者效力理论，认为公民个体之间的私法行为也有可能因侵犯宪法基本权利而导致违宪，因此在某些情况下公民个体也可以成为违宪主体。但这一理论同时也提出了严苛的适用条件，即只有在穷极所有其他法律救济手段仍不能得以救济的前提下，才可以针对公民个体私法行为侵犯基本权利进行违宪审查，以防侵犯私法自治与契约自由。在实践中，基本权利的第三者效力至今也只在德国、日本等少数几个大陆法系国家得到有限度的承认，大部分国家对此是限制和谨慎的。①

　　第二，经济宪政正义类型的主要形态。从纵向维度来看，违宪既可以发生在立法过程中，也可以发生在行政与司法过程中。由于宪法一方面具有强烈的价值属性，与正义不可分割，另一方面也具有强烈的政治属性，与政权紧密相连，所以宪法条文注定是高度抽象而原则的，否则既无法回应丰富多彩的社会生活，也无法包容错综复杂的政治活动。因此，宪法的精神、原则与规范主要是通过立法活动来予以具体实现的，宪法的最高效力也通过立法活动得以向下传递。行政与司法则以立法结果为依据，是对立法结果的执行与运用，一旦立法违宪，那么通过执法与司法活动的扩散，其违背正

---

①　在我国现有的人民代表大会制度下，公民之间的私法关系如果直接援引宪法条文，则可能存在轻视全国人大及其常委立法权威的可能性，违背人民法院接受人大监督这一宪法原则。因此，最高人民法院也才在 2008 年 12 月 24 日废止了曾被学者视为中国宪法司法化契机的《关于以侵犯姓名权的手段侵犯宪法保护的公民受教育的基本权利是否应承担民事责任的批复》，该司法解释曾明确支持基本权利的第三者效力，肯定民事侵权也会导致宪法基本权利被侵犯的违宪情形的存在。该司法解释虽然被视为我国宪法司法化的破冰之举，但其与通行的宪法学理的相悖也是明显的。所以该司法解释的废止，其实是最高院对之前宪法第三者效力错误认识的拨乱反正，重新明晰"普通公民之间的具体法律关系应当由立法机关制定法律来加以规范，而不应当直接引用具有高度抽象性和政治性的宪法条文"这一宪法学的基本学理。

义的恶劣程度与社会破坏性程度将是不可估量的。虽然也有部分行政与司法行为可能存在直接违宪的情形，但此类违宪行为数量较少，危害程度也较立法违宪要小得多，绝大部分的行政与司法行为因为受到立法的直接约束，在此过程中发生的对正义的偏离首先是一种违法行为，而非违宪行为。而在违宪审查比较发达的国家，如美国、德国、日本等国，无论是制度构建还是审查实践，都将重点放在了对立法的合宪性审查上，绝大多数的违宪裁决都是针对立法而言，"立法违宪构成了违宪的主要形态"①，而不发达国家亦是如此。因此从世界范围内来看，立法是否违宪是违宪审查制度所要关注的首要问题。所以，本文将主要探讨立法过程中的违宪，因为其是违宪的主要形态，但这并不排除将本文对此所作的分析应用于对行政与司法过程中违宪行为的解释。

立法违宪从形态上可以区分为内容违宪（显性违宪）与适用违宪（隐性违宪），前者是指立法内容直接违反了宪法的精神、原则以及规范，这是最为常见的违宪形态；后者则是指立法内容本身没有违宪，但适用于具体情境中的当事人则必然发生违宪，这种违宪形态不能通过事先审查的方式避免，只能通过事后审查予以救济。本文则侧重于从违宪原因的角度将立法违宪划分为客观违宪与主观违宪。所谓的客观违宪是指因立法主体对宪法文本理解的客观差异所导致的违宪。客观违宪的发生具有必然性，因为对宪法的认识必须建立在理解文本规范的基础上，但由于立法者与立宪者所处的环境截然不同，各种"地方性"因素的存在以及社会文化背景的差异，使得不同立法者对于同一宪法条文甚至是概念的理解必然存在差异，

---

① 胡锦光、秦奥蕾：《宪法实践中的违宪形态研究》，《河北学刊》2006年第5期，166－171。

从而导致在无意识状态下对宪法的违背。即便是宪法的原则、精神、理念在一定程度上统合了理解差异化的鸿沟，但这种客观无意识的违宪却仍然是不可避免的。而主观违宪则是指立法主体出于某些利益目的考虑在自身主观价值指引下主动偏离宪法价值追求所导致的违宪。主观违宪意味着立法者知晓自身行为的违宪性，但为了满足对某些特定利益的追求而不惜偏离宪法的精神、原则或者规范。①

5.2　经济宪政中正义偏离的成因

经济宪政中正义偏离的成因可以基于信息失真、结构失衡、矛盾冲突以及权威缺失等四个方面进行归纳，具体阐释如下：

5.2.1　从抽象到具体的信息失真

宪法规则总是抽象而原则的，因为宪法提供的是解决一个国家最基本制度问题的正义框架，只有一个具有包容性的宪法才能消解在不同时空条件下所发生的纷争。如果宪法总是事无巨细的试图对一切领域进行规制，那么要么是宪法的权威淹没在细枝末节的浩瀚

---

① 主观违宪又可以分为利益型违宪与偏离型违宪，利益型违宪是指立法过程受到利益集团"绑架"而导致对宪法的违背，这里所说的利益集团既可以是指企业、社会团体也可以是指政府机构本身，如我们平常所说的"部门利益法律化"，"地方利益法律化"既是此种现象的客观描述。偏离型违宪则是指立法者过于追求某种价值从而导致整个宪法价值体系的失衡并阻碍宪法正义的实现。偏离型违宪往往通过立法赋予某种价值在位阶上的优先性，这种特定价值虽然本身也是宪法价值体系不可分割的组成部分，但对其的过分强调与保障则有可能侵害其他价值的实现，甚至导致对宪法基本权利的侵害。如在经济立法过程中，出于对效率的过分追求，效率优先，而忽视了公平、正义等更具统领性的价值，甚至不惜限制、牺牲公民的基本权利为经济发展创造条件，即是此例。

文本中，要么是制宪者疲于奔命的进行修宪而导致宪法朝令夕改、面目全非。宪法的价值在于为国家权力划定了明确边界，为公民权利进行了确定宣示，至于权力在边界范围之内应该如何运行与限制、权利在宣示内容之下应该如何实现与保障，都需要具体化的立法对宪法进行实现。

但在抽象的宪法通过具体的立法向下传递的过程中，"信息失真"却不可避免，从而导致宪法规范的扭曲传递。这种失真首先是源于立宪和立法的程序差异以及立法主体的素质差异。立宪过程由于经历了严格的民主程序，汇聚了一国政治经济文化精英，并经过充分的质疑、辩论、修改，所以其质量能够得到保障，不至于偏离正义的价值追求。但立法过程因为立法成本与效率的考虑，不可能遵循立宪那样严格的订立程序，法律的制定相对来说还受到比较科学、规范的立法程序（立法法）的约束，大部分的行政法规、政府规章以及地方性法规却不可能做到像宪法、法律那样严格的立法程序，欠缺周全的考虑、充分的辩论、严谨的论证，立法质量自然无法得到保障。立法主体组成人员的素质也是一个很重要的原因，目前我国实行的是代议的间接民主制，在一定程度上实现了立法参与人员的精英化，保障了立法质量，但各级人大代表仍非专职，对立法草案的审查无论是时间还是精力都非常有限。尽管各级人大常委大部分组成人员都实现了专职化，但仍然存在一部分"兼职"委员，同时大部分委员并未有法律教育背景，多为从一线行政领导岗位退职下来，未系统接受过专门的立法技能培训，在对宪法文本及其理念的理解以及将这种理解转换为一般法律（法规）方面，能力仍然存在欠缺，这就容易发生因对宪法理解不充分或者错误理解以及因立法技术限制的原因而导致的客观违宪。"信息失真"发生的另一原因在于立法时空转化而导致的场景差异。宪法的抽象很重要的一个原因在于考虑到时空变化的需要，由于宪法的制定与修改程序都相当严格，因此不可能像普通法律那样频频变更，同时宪法的权威在一定程度上也取决于其不同于一般法律的稳定性，而宪法的抽象确保了其在不同时空环境下可以通过立法将普遍正义转换为个别正义。抽象与原则意味着宪法给立法者预留了一定的空间，以便能在不同的时空范围内实现宪法价值，所以只要不突破宪法规则、原则及其精神所设定的底线，立法者拥有对宪法具体化的一定程度的自由裁量权。但问题在于，其一，此种自由裁量权极易被滥用，受到立法主体所处具体场景的影响，以及"地方性知识"对于各级立法主体的强烈的暗示作用，地方立法者可能过分注重宪法对于地方具体场景现实需要的回应，而忽略了宪法本身所持守的底线正义与价值，从而导致违宪的发生。宪法价值与具体场景需求之间的平衡度往往不易为立法者把握，使得以"地方主义"与"部门主义"为旗号的违宪立法大行其道。其中，目前在我国高考招生过程中存在的地域歧视问题正是反映违反教育公平的"地方保护主义"大行其道的表

现①；与此同时更严重的一种现象是行政立法和地方立法中存在的

---

① 有学者认为在目前高考招生过程中存在的地区指标和录取线，实质上是一种地
域歧视，在本质上是一种地方保护主义行为。近些年来，各地在高考方面的地
方主义情绪有所滋长，教育资源分配不公现象日趋严重，而且有扩大化的趋势。
一些地方利用自身的优势在招生计划中千方百计地多留名额多收本地学生解决
自身的就业问题，而对外来的学生增设各种各样的条件。2008年举行的"教育
改变中国——第二届信孚公益论坛"上，就高考招生地域歧视现象，中国社会
科学院研究院徐友渔教授公布了一个惊人的数据。
　　在2004年，北京大学在北京地区招收380人，清华大学在北京地区招收
360人；而同年，北大在河南招收72人、贵州招收32人，清华也差不多。"河
南省人口是北京的8倍，贵州省人口是北京的3.36倍。"徐友渔教授说，"也就
是说北京考生考上北大的概率是河南的60倍，贵州的34倍。"今年5月，就有
来自北大、清华、社科院等单位的15位学者上书国务院、教育部，请求取消高
考户籍限制，"切实推进教育与社会公平改革"。北京大学法学院教授张千帆亦
在15学者之列。《经济观察报》的报道称，他在其研究课题"大学招生与宪法
平等"中得出结论，广东、安徽考生考进北大的概率只有北京孩子的1%。换
个角度理解，北大对广东、安徽学生设置的门槛比北京考生整整高了100倍。
张千帆认为，重点高校分布不均及高校招生中普遍的地方保护主义是造成目前
区域失衡的主要原因。"北大的招生方案也不是最糟糕的。"此前也有媒体报道
称，在对其他全国性大学的调查中，研究者发现，浙江大学、南京大学为本地
考生保留的指标高达50%。以2009年的招生为例，复旦在上海市投放的招生指
标高达每万名考生117.1名，在浙江则是5.2名，在北京4.2名，全国平均2.2
名，而在山东、山西、广东、内蒙古等10个省区投放的招生指标都在1名以
下。上海考生进复旦的机会是全国平均的53倍、山东考生的274倍、内蒙古考
生的288倍。为此，15名学者在联名签署的"关于提请国务院审查并修改教育
部《普通高等学校招生工作规定》的建议"中建议：立即废止教育部关于高考
户籍限制的规定，并要求教育部将高考报名条件改为考生的学籍所在地，建立
统一的考试制度，统一考试，并最终完全取消大学招生的地域歧视，实行公正
平等的大学招生与考试制度。参见《8名律师致信教育部称在京高校招生存地
域歧视》http：//edu.ifeng.com/gaokao/news/detail_ 2012_ 07/17/16082208_
0.shtml以及《高考地域歧视：北京人上北大概率是河南60倍》http：//
edu.qq.com/a/20080403/000040.htm，2012年10月31日访问。此外，据中国政
府网消息，国务院办公厅8月30日转发教育部等部门《关于做好进城务工人员
随迁子女接受义务教育后在当地参加升学考试工作的意见》。意见要求，积极稳
妥地推进随迁子女升学考试工作。"异地高考"政策获批，在目前看来虽然是
一个妥协方案，但还是有利于保障进城务工人员随迁子女公平受教育权利和升
学机会。http：//politics.people.com.cn/n/2012/0901/c1001 - 18891106.html，
2012年10月31日访问。

"部门主义"倾向。① 其二，宪法的抽象语言为其实现个别正义提供了空间，所以对诸如正义、自由、平等这些概念我们只能给出原则性的框架，以避免对其进行学究式的准确定义。但语言的理解往往是主观的，就算是以严谨为己任的法言法语也不例外，如莎士比亚所言，"一千个人眼里有一千个哈姆雷特"，在不同层级的立法者眼里，宪法传达的具体意思往往不尽相同。因此在宪法逐级向下传导的过程中，立法者的这种理解差异往往会引起乘积效应，使得在效力传导链条末端的立法与宪法文本大相径庭。虽然可以通过强调宪法的原则、精神来统合对不同层级立法主体对宪法的理解差异，但其效果仍然是有限的，这就使得"信息失真"的发生不可避免。

5.2.2 从立宪到立法的结构失衡

市场经济意味着利益多元，各类利益主体为了促进自身利益的

---

① "部门主义"的实质是一个部门利益问题。在部门利益的驱动下，行政部门在立法时不是从人民利益出发，不是从改革和发展出发，而是从部门利益出发，把立法看作是为本部门扩张权力、谋取利益的手段。其中，行政立法中的部门主义是指政府部门局限于从部门角度而非政府高度观察和思考问题，缺乏整体概念；决策及措施局限于以部门为中心，自成体系，各自为政，不顾及部门决策的关联性，缺乏全局意念；在权力与法律的关系上，将法律视为权力的辅助，对待法律表现出极强的"功利主义"，法律主要是部门管理行政事务的工具，部门意志和部门权力甚至可以支配法律。主要表现为以立法形式强化或扩大本部门的权力范围、通过立法谋取不正当的经济利益、通过立法简化或推卸作为行政部门的责任和义务。地方立法中的部门保护主义，是指有关的法规起草部门利用制定地方性法规之机，，不适当地强调本部门的权力和利益，常常借助于法律语言和法规形式表达出来。其主要表现为：一是争上立法项目，利用立法侵占相关部门权力。二是利用起草之便，片面强化、扩大本部门的权限和利益。三是滥用行政规章权和法规解释权，对法规条文进行部门利益化的运用。参见陈丹. 论行政立法中的部门主义及其防治，吉林大学硕士学位论文，2006年，第3-6页、陈洪波等. 略论地方立法中部门利益倾向的一般表现形式及其防治对策，《法学评论》1999年第2期，第124-125页。

最大化，纷纷与具有相同利益诉求的主体联合起来，组建各种社团或组织，希望通过集体的力量放大自身的呼吁与诉求，以便捷、高效的方式在市场博弈中胜出，并且通过制度化的表达途径将自身利益传输到国家决策的机制中去。其实，无论是立宪还是立法，实质都是一个博弈的过程，各方主体在此过程中通过民主方式参与进来，表达诉求，争取权益，以获得对自身有利的立法结果。所以最后的宪法文本或者立法文本凝结了各方主体通过博弈谈判所达成的均衡的利益结构。按照布坎南的观点，宪法的正当性源于一致同意，只有在一致同意的前提下每个个体的利益才能得以保障，然而一致同意的达成颇为不易，因此在立宪过程中需要"制造"足够厚的"无知之幕"，使得个体无法预知宪法规则将会带来的预期利益，将个体之间的外在利益冲突转化为自身的内在冲突，从而找出每个人都能接受的条件，以合作取代冲突，促使妥协的达成。显然，立宪虽然通过合作博弈所达成的一致同意定义了立法过程所应当遵循的基本利益架构，但这种约束在效果上却是有限的。其原因在于，立宪过程为了促成一致同意的达成是在较厚的"无知之幕"之下进行的，但立法过程却是在宪法的背景与范围之下进行的，不存在立宪过程中所谓的"无知之幕"或者说"无知之幕"的厚度较薄。虽然宪法的普遍性与持久性使得参与立法的主体对自己可能受到影响的形式并不确定，但宪法所定义的利益结构却为他们在此框架下谋取个人最大利益指明了方向。因而，相对于立宪过程中的参与者而言，立法过程中的参与者更加清楚地意识到如何争取有利于自己的立法结果的达成，因利益分歧而导致的冲突也要较立宪过程中严重得多。为了避免高昂的立法成本，以及提高立法效率以迅速应对社会现实的需要，立法过程采取了多数决的原则和相对较为简捷的立法程序。多数决原则的引入使得在立法过程中拥有更大话语权和更强动员能

169

力的利益集团能够对立法结果施加决定性影响，但这也往往造成以民主之名对其他个体（少数团体）权益的侵害，甚至突破宪法的限制。其实利益集团是现代社会满足个体参与立法过程需求的产物，是民主实现的重要方式，因为现代社会海量的信息、多元的需求、专业的分工为普通民众参与立法制造了巨大的障碍，因此只有借助于各种不同的利益集团的力量以表达和放大自身的诉求。如在美国，国会和州议会外的院外游说集团对立法具有重要影响，他们往往受某些利益集团的委托，通过游说活动向相关议员和政府施加影响，以使立法或者公共政策有利于受托者。因为每个个体其实都会有属于自身的各种特殊利益，需要有相关团体来代表，所以美国民众对于游说集团、利益集团多持肯定的态度，而院外游说集团因此也被称为国会的"第三院"。当然，院外游说集团和利益集团的存在也有可能扭曲民主进程，突破宪法底线，侵害少数人群体和弱势群体的利益，但美国的市民社会发育较为成熟，大量公益性非政府组织（NGO）的存在平衡了因利益集团强势介入而导致的利益结构的失衡，同时美国完备的违宪司法审查制度也阻挡了受利益集团要挟的立法对宪法底线的突破。而在中国，一方面市民社会发育不完全，各类社会团体无论是数量还是力量都存在不足，无法制约强势利益团体在立法过程的参与活动，起到平衡利益结构的作用；另一方面，中国的违宪审查制度不仅不完备，在实践中也基本处于虚置的状态，无法有效的对违宪立法进行监督。特别是由于我们的利益集团大多是由于不完全的市场化以及滞后的政治体制改革所形成的，而并非市民社会发展到成熟阶段的自然产物，如权贵资本主义、垄断企业甚至于政府部门本身等，他们掌握了主流的话语权以及大部分的社会资源，这就使得要对他们在立法活动中的行为进行约束非常困难，而他们也往往利用对立法过程的强大影响力突破宪法限制，为自身谋取利益。

所以立宪过程中通过合作博弈所达成的均衡的利益结构可能因为立法过程中强大利益集团的介入而遭到破坏，导致违宪的发生。虽然立法过程最终也会达成相对均衡的利益结构，但这一均衡是强大利益集团通过立法的多数决原则对弱势群体或者民众利益的抑制或者牺牲而达成的，并非立宪在"无知之幕"背景下通过"一致同意"所达成的那种均衡。孙志刚案便是一个明显的例证。[①] 孙志刚被收容的直接依据是 2002 年 4 月施行的《广东省收容遣送管理规定》，而这一地方性法规并无宪法和法律依据，其依据仅仅来源于国务院于 1982 年 5 月颁布的行政法规——《城市流浪乞讨人员收容遣送办法》。但问题在于，全国人大于 2000 年 3 月颁布的《立法法》第 8 条已经明确指出，涉及对公民政治权利的剥夺、限制人身自由的强制措施和处罚只能由法律规定，因此依据此条规定，国务院的《城市流浪乞讨人员收容遣送办法》涉及非法限制公民人身自由事实上已经明显违宪[②]。尽管《立法法》早在 2000 年就已经颁布施行，但于 2002 年颁布的《广东省收容遣送管理规定》仍然以《城市流浪乞讨人员收容遣送办法》这部违宪的行政法规作为依据，个中原因

[①] 孙志刚为武汉科技学院艺术设计专业 2001 届毕业生，案前任职于广东达齐服装公司。2003 年 3 月 17 日晚孙志刚在前去网吧途中，因未携带任何身份证明被治安民警带往广州市天河区黄村街派出所进行甄别是否为"三无"人员，后被收容至广州市天河区公安分局收容待遣所以及广州市收容遣送中转站，18 日被送往广州市收容人员救治站诊治。期间，与孙志刚同住好友成某以及孙志刚所任职公司均试图对其进行保释，但未果。20 日凌晨，孙志刚遭同病房的 8 名被收治人员两度轮番殴打，因大面积软组织损伤致创伤性休克死亡。事后，经相关媒体披露，涉案的 18 名被告人受到法律制裁，分别被判处死刑以及有期徒刑。国务院也于 2003 年 6 月 20 日废止了《城市流浪乞讨人员收容遣送办法》，颁布《城市生活无着的流浪乞讨人员救助管理办法》，实行二十余年的了收容遣送制度至此正式废止。

[②] 《立法法》为宪法性法律。

就不得不值得我们深思。根据国务院《城市流浪乞讨人员收容遣送办法》第 1 条的规定，收容遣送制度在设立之初主要有两个目的，其一是救济和安置城市流浪乞讨人员，其二才是维护社会秩序，可以说，其初衷还是好的。但在经过近二十年的发展之后，收容遣送制度的社会救济色彩被有意无意的淡化，但其作为维护社会治安和维稳工具的色彩却越来越明显，大部分地方性法规将收容遣送的范围不断扩大，使得其性质已经由最初的社会救济手段演变为城市高压管理和维稳的工具。① 广东省人大常委作为省一级的权力机关按理说不可能不知晓《立法法》的相关规定，但其仍然在《立法法》施行后颁布明显违宪的地方性法规，其原因在于，随着人口流动性的增大，广东省的外来人口也日益增加，给城市管理和社会治安带来巨大压力，广东省人大常委的这一立法实质上是客观迎合了政府维稳压力的需要，从而将社会救济手段异化为社会治安手段。所以，在维稳成为政府考核重要指标的大背景下，政府自身的利益诉求在《广东省收容遣送管理规定》出台过程中的影响不容小视，也正是这种具有决定性的影响左右了立法进程，虽然形成了看似均衡的利益结构，但却牺牲了民众的宪法权利，导致了违宪立法的发生。

5.2.3　从文本到现实的矛盾冲突

宪法的文本效力并不一定代表着社会现实生活中的实效，立宪者的应然理想往往与现实世界的实然状况存在一定差距与冲突。但宪法作为根本法的价值就在于它能够以强有力的手段与权威统合文本与现实之间的差距、矛盾与冲突，使得现实服从于文本，约束社

---

① 蔡定剑，李霞：《公民申请违宪审查案例分析研讨会纪要》，人大与议会网 ht-tp：//www. e – cpcs. org/newsinfo. asp？NewSid = 8296，访问日期 2010 年 12 月 30 日。

会在既定的宪政框架与轨道内运行，进而实现宪法文本所确立的各项价值。在宪治发达国家，由于经过历史的实践，往往形成了较为完善的有较强包容力的宪法文本，大大减少了其与社会现实发生冲突的可能性。而发达的宪法解释体系也使得万一在发生冲突时宪法文本能够较好的迎合现实的需要，赋予那些具有时代正义性与合理性的争议行为以合宪性，避免所谓的"良性违宪"的发生。而在我们国家，由于施宪的历史较短、经验不足，与宪政成熟国家相比不管是在精神理念还是在立宪技艺、技巧方面均存在差距，因此我们的宪法文本往往不能适应现实的需要，因为自身的原因而导致违宪的发生。如受马克思主义经济基础决定上层建筑理论的影响，我们比较注重在宪法文本中对国家的基本经济制度和政策进行规定，但问题在于我国目前处于社会转型时期，各种经济利益结构以及分配格局仍处于大的变动当中，随着经济体制改革的进一步深入和政治体制改革进程的逐步开启，国家的经济制度与政策必然也会发生相应的变革。因此，当宪法文本里规定了经济制度与政策的内容，却又不能对现实变化做出及时回应，适应生产关系的现实要求，那么违宪的发生就不可避免。当年安徽小岗村的农民冒着风险分田到户，虽然具有现实的正义性，但违宪、违法的性质却也不容置疑。所以，当在经济领域内大规模违宪行为发生时，我们所能做的就是采取"头痛医头脚痛医脚"式的修宪。1982 年宪法迄今为止已经经历了四次修改，其中大部分的修改都是针对宪法总纲中的经济制度与政策条款的。甚至不少修正条款不是针对宪法正文的修改，而是对之前的修正案因经济社会形势变更而进行的二次甚至是三次修正。如宪法中关于个体经济、私营经济法律地位的规定，经过 1988 年、1999 年以及 2004 年三次修正，而宪法中关于农村集体经济组织以及家庭承包经营形式则经过 1993 年、1999 年两次修正。这种亡羊补牢式的修改，使得宪法成为确认和推动改革的工具，宪法原本的功能与价值在改革的热潮中反倒被忽视，宪法的稳定性与权威性也在频繁的修宪过程中遭到"二次"损害。纵观世界各国，宪法的基本内容主要有三项，一是对国家权力的范围及其运行的规定，二是对公民基本权利的宣示，三是保障宪法实施的途径与程序，本国的经济制度与政策基本上不成为宪法的规定对象。因为经济制度与政策变化极快，宪法严格的修改程序反倒束缚了改革者和立法者的手脚，使之不能及时作出调整而适应社会生活的变化。所以，我们应当考虑，在宪法中除保留确保国家性质的如社会主义公有制等最为基本的经济制度条款外，其他大量的经济制度与政策的条款应当予以排除，以给改革预留足够的空间，使得宪法成为改革的引导者，而非仅仅是改革成果的确认者与巩固者。

当然，宪法文本与社会现实之间的大量冲突不仅与我们立宪技术的落后有关，也与我们处于社会转型的历史大背景有关。在一个面临急剧变革的时代，哪怕宪法给改革预留了再多的足够空间，哪怕宪法再为原则和灵活，恐怕也无法避免因文本与现实断裂而导致的违宪。所以有的学者针对此种情况提出了"良性违宪论"，提出在改革开放的过程中，国家机关的一些行为虽然违反了宪法条文的规定，"但却有利于发展社会生产力、有利于维护国家和民族的根本利益，是有利于社会的行为"，否则即是应当否定的"恶性违宪"。①但"良"、"恶"本身的判断采取的是政治标准，而非法律标准，不管是良性违宪还是恶性违宪，其违宪的本质属性以及对宪法规范的破坏却是无法改变的，就连良性违宪的提出者郝铁川教授本人也承认良性违宪必须有时间上的限制，通过及时修宪使其合宪，否则会

① 郝铁川：《论良性违宪》，《法学研究》1996年第4期。

有损宪法权威。[129]而且一旦承认良性违宪的正当性，那么判断"良"、"恶"的标准本身应当成为宪法标准，而当其成为宪法规范后，"良性违宪"的合宪性也就得到了解决，那么郝铁川教授这一主张也就丧失了存在的必要性。所以正如童之伟教授所批判的那样，"良性违宪"与"恶性违宪"没有实质区别，同样必须追究违宪责任，甚至其比"恶性违宪"更值得我们警惕，对中国法治的危害性更大①，宪法实施应当根据社会现实需要表现出灵活性，但这种灵活性不是无限度的，必须要守住"形式合宪"的底线。② 当然，静态宪法文本与动态社会现实之间的冲突在任何一个国家都有可能发生，但面对冲突时我们并非只能尴尬放任违宪的发生，或者任由僵化的宪法文本窒息社会发展的活力，在宪政发达国家，成熟的宪法解释制度使得能够在不修改宪法文本的前提下回应社会现实的需求，将一些看似违宪的改革行为纳入宪法框架，从而在"宪法权威"与"社会发展"之间取得平衡。因为，宪法可以通过创造性的"解释"，更新宪法条文的含义，使宪法在外观不变的情况下仍然"活着"。毕竟，宪法解释所必须考虑的一个重要目的是使宪法适应于政治现实。但宪法解释并非没有原则和底线，对于那些侵犯了宪法最核心价值如民主、自由、人权的行为，宪法解释是无法也不应当进行"合宪性"容纳的。遗憾的是，在回应宪法规范与社会现实之间的冲突方面，我们仍然比较习惯性的采取修宪模式，而忽视了宪法解释制度的功能，过于频繁的修宪牺牲了宪法的稳定性和权威性，而修宪的严格程序也使得宪法在修正之前不能及时回应与社会生活

---

① 童之伟：《良性违宪不宜肯定：郝铁川同志有关主张的不同看法》，《法学研究》1996年第6期。

② 童之伟：《宪法实施灵活性的底线——再与郝铁川商榷》，《法学》1997年第5期。

的冲突，放任了"良性违宪"的广泛发生。

5.2.4　从应有到实有的权威缺失

宪法权威，即宪法本身的至上性与最高性，这也是宪法权威与其他社会权威区别的关键所在。宪法权威首先籍由自身文本的规定而确立起来，如我国宪法在序言里声明其"是国家的根本法，具有最高的法律效力"。同时，通过违宪审查制度、司法适用制度等，宪法权威得以获得有效的制度保障，而非仅仅是口号式的宣示。所以，宪法权威首先所体现出来的就是一种制度权威，但制度权威只是一种应然权威而非实有权威，如果宪法本身的保障制度不完善，或者尽管完善但因被虚置而无法发挥实效，那么宪法权威也就只能停留在纸面上，违宪行为也必然因无需支付违宪成本或只需支付较低的违宪成本而肆无忌惮，大量发生。要解决这一问题，就要将宪法的制度权威转换为社会权威，应然权威转换为实有权威。因此一方面要在完善宪法保障制度的基础上增强宪法在社会生活中的实际支配力与执行力，通过强而有力的违宪审查、宪法监督以及宪法司法支撑起宪法权威，增加违宪成本，做到违宪必究，从而形成对违宪行为的强大威慑力。但更为根本的做法，则是树立宪法在社会生活中的至上地位，使之成为人们心中的一种精神信仰，并潜移默化为一种生活方式。因为纯粹以暴力为后盾的法律固然可以获得暂时的遵从，却无法形成内心的自觉认同，施行起来必定也是困难重重，正如伯尔曼所言"法律必须被信仰，否则形同虚设"，只有真正篆刻于公民和政府心中的宪法，才能成为决定社会生活的根本准则，各种社会权威也才能自然统合于宪法权威之下，使得宪法的实现不再仅仅依靠外在惩罚机制的威慑，而是社会内在的自觉认同，从而在根本上抑制违宪的发生，让人文主义的气息贯穿于宪政过程的始终。

当然，宪法社会权威确立的过程也就是宪法文化①的建设过程，这绝不是一蹴而就的过程，需要宪政实践的点滴积累。因为，文化固然是制度的社会心理基础，但宪政文化本身并不是单靠灌输就能形成的，而是在制度的实践中逐步产生并确立的。同时，在一个成熟的宪政国家建成之前，违宪行为的大量发生是无可避免的，那么与此相关的违宪审查、宪法监督、宪法司法便是必须的操练过程，其本身也是建设宪法文化、确立宪法权威过程的必不可少的组成部分。但如果拒绝这种必要的操练过程，因各种原因放弃对现有违宪行为的追究，则会导致更多违宪行为的发生，从而形成恶性循环，摧毁宪法文化赖以建立的根基。

我国宪法虽然明确了宪法是国家的根本大法，具有最高的法律效力，宣示了宪法的制度权威，但却并未建立起完善的宪法监督及宪法责任承担制度，从而使得宪法权威无法从纸面"下降"到现实，成为虚置的"花瓶"。当然，在科学合理的违宪审查制度建立之前，并不意味着我们应当放任违宪行为的发生，我国现行宪法虽然在宪法保障制度方面存在诸多不足，却也并非完全没有提供违宪审查与宪法监督的空间。如宪法第62条第2项明确规定，"全国人民代表大会监督宪法的实施"；第67条第1项规定"全国人民代表大会常务委员会有权解释宪法、监督宪法的实施"。但迄今为止，全国人大及其常委并未设置过专门的宪法监督机构进行违宪审查，也"没有具体行使过违宪审查权，没有废除过具体的违宪法律、法规、规

---

① 宪法文化是一种以宪政为核心内容，基于商品经济、民主政治、理性文化的综合作用而产生的关于宪法、宪政制度和宪法结构等认识的总和，是主体对宪政的情感、评价和心理状态，它深藏于民众的意识之中，又反作用于宪政活动。参见周叶中：《宪法（第二版）》，高等教育出版社、北京大学出版社2005年3月版，第175页。

章"。① 2000 年颁布的《立法法》第一次对违宪审查做出了具体规定,《立法法》第 88 条规定了全国人大有权撤销其常委批准的违宪自治条例和单行条例, 全国人大常委有权撤销违宪的行政法规、地方性法规以及自治条例和单行条例, 同时《立法法》第 90 条还对违宪审查提起的主体和启动程序做出了规定, 国务院、中央军事委员会、最高人民法院、最高人民检察院和各省、自治区、直辖市的人民代表大会常务委员会以及其他国家机关、社会团体、企业事业组织和公民认为行政法规、地方性法规、自治条例和单行条例违宪的, 可以向全国人大常委书面分别提出违宪审查的要求与建议。据此, 全国人大于 2004 年 5 月成立了法规审查备案室, 负责法规的备案、违法违宪审查以及对有关机关和个人提出的违宪审查的要求和建议进行先期研究。虽然《立法法》为违宪审查制度在我国的初步建立提供了一个很好的框架, 但显然全国人大常委没有充分利用这一难得的契机与空间, 仍然存在诸多问题: 其一, 法规备案审查室欠缺独立性与权威性, 它只是隶属于法工委下的一个局级机构, 不可与其他国家违宪审查机构的地位同日而语, 法规备案审查室没有独立撤销违宪法规的权力, 当发现违宪法规时, 只能向法工委提交意见审查报告, 然后由法工委提交全国人大常委决定。其二, 审查能力与力度不足, 法规备案审查室由中央编制办批准的编制约为二十余人, 然而我国每年通过的行政法规与地方性法规总数超过两千件, 暂且不论审查者的专业素养与技术如何, 光依靠这二十余人就算只对每件法规进行形式上的合宪审查也是不现实的, 而且法规在内容上的显性违宪可以通过抽象审查予以发现和过滤, 但在适用上的隐性违宪却只能通过具体案例及其当事人才能发现, 这对于法规备案

---

① 王保成:《宪法权威的生成机制辨析》,《现代法学》2004 年第 6 期, 99 – 104。

审查室而言是无能为力的。其三，拥有违宪审查启动权的国家机关由于不具有利害关系，往往怠于行使此项权力，而具有利害关系的公民与法人却只拥有建议权，是否启动要由法规备案审查室决定，就算启动了违宪审查程序，但也因为程序本身的规定太过原则、粗糙，没有时限限制，而且违反程序的后果也不甚明确，使得公民的违宪审查建议往往在全国人大常委的"研究调查"中不了了之，严重打击了公民、法人提起违宪审查的积极性。

因此，在系统的违宪审查制度建立之前，我们应当充分利用现有宪政框架下的空间，进行有限但却并不是毫无意义的违宪审查。但遗憾的是，对于这些空间，我们并未保持足够的敏感度，要么是不屑一顾，要么则是视之不见，不仅放任了违宪行为的发生，也丧失了确立宪法权威、建设宪法文化的宝贵的操练机会。同时，自清末立宪以来，我们施行宪政的历史不过百年，宪政文化的根基相当单薄，我们对待宪法、宪政的态度仍然是功利性的，将之视为达致民族富强、经济繁荣的工具，却无意识到宪法本身所具有的独立价值与至高权威。普及宪法的文本固然很重要，但更重要的是普及宪法的精神与价值，培育宪法文化生成的土壤。将宪法视为为工具，更容易导致在目的论的支配下放任违宪的发生；而将宪法视之为目的，才能树立对宪法的信仰，将宪政内化为生活方式，形成全社会对宪法的遵从氛围。

5.3　经济正义法理原则实现的法治对策

正义与法律制度密切相关,① 市场经济的运行也需要法制的保障，所以解决经济领域的正义问题，就要从法治对策上着手。在外在形式上，市场经济是一种以市场为基础手段对社会资源实现有效配置的经济运行方式，它是社会商品经济发展到高级阶段的产物。市场经济体制的日渐完善、民主政治的推进以及市民社会的生长发育使得当下中国的利益格局和利益主体呈现出多元化的态势，整个中国社会不再像上世纪七八十年代一样持守一种共同的单一价值观。在市场经济条件下，一方面权利制度是市场经济的内在本质要求；另一方面，通过权利的基础主义作用使近现代具有普遍主义形式特征的权利正义秩序得以真正形成和发展。[114]抱持不同价值观的利益主体，在市场经济中自由地碰撞，不仅带来了中国经济社会的勃勃生机与活力，也实现了人的自由全面发展。然而，利益的多元化客观上也阻碍了宪政一致意见的顺利达成，加剧了社会立宪的矛盾与冲突。按照布坎南的解释，如果在立宪利益上存在分歧，那么宪政同意的达成就是一个"妥协"问题。但这种"妥协"绝不是人为地强制性消弭利益的多元性，进而用某种"超个人主义"的利益标准进行统合，它恰恰是在尊重每个利益主体自我选择的基础上，通过

---

① 正义首先指一种客观的制度安排的合理性问题。罗尔斯指出正义是社会制度的首要美德一如真理是思想的美德一样。正义说到底就是社会制度和社会结构如何来分配社会资源和社会机会。在这里，作为制度安排合理性的社会公平主要体现在社会资源分配和获得的差别是合理的，社会机会对每个社会成员都是自由开放的、可竞争的。

某些技术性的措施，寻求不同个体达成利益共识的最大可能性。因为，最后达成的一致意见只有是在所有主体自愿选择的基础上才具有合法性与正当性，即同意的合法性来自于同意本身，而非强制。在这个意义上来说，我们所需要的"妥协"不是靠强制实现的"消极妥协"，而是一种自愿选择的"积极妥协"。但中国过去的经济立宪历程表明，在面临重大利益的争论与冲突时，我们在潜意识里往往喜欢用"超个人主义"或者"阶级范式"来统合利益冲突，支配立宪。这种强制达成的"消极妥协"不仅削弱了宪政经济规范的合法性基础，也是对民主实质的背反。因此，我国未来的经济立宪应当致力于"积极妥协"的实现，在尊重每一选择个体意愿与权利的基础上，促成立宪利益共识的达成。而事实也证明，只有被个体自愿选择并认同的宪政经济规范，才能在社会生活中得到真正施行。我国经济立宪需要注意的另一点是，立宪利益共识的达成在技术上依赖于立法者对"无知之幕"厚度的调控。"无知之幕"的厚度越大，则立宪利益的不确定性程度也越大，从而达成一致的可能性也就越大。而"无知之幕"的厚度是与规则的普遍性与持久性紧密联系在一起的。① 如果说之前我国的经济立宪是在改革的主导下，对改革成果的确认，为改革保驾护航的话，那么在改革进入"深水区"后，应当是由宪政主导改革，由宪政为改革设计制度框架与方向。原先为适应改革而强调规则特定化、短期化的立法理念就应当摈弃，应努力确保规则的普遍化与持久化，实现由改革经济向宪政经济的

---

① 目前我国的经济立宪在这两点上均存在问题，如规则的持久性程度非常低，法律朝令夕改。一个典型的例子是1982宪法颁布不过27年，却已拥有四个修正案；04年宪法修正案刚刚颁布，却已有学者在讨论下次修宪。规则的短期化，不仅导致立法不公，影响宪政权威的确立，而且使得立宪利益的确定性程度提高，加剧了立宪矛盾与冲突的强度，阻碍了立宪同意的达成。

转变。这种转变也意味着宪政法治在经济活动中占据主导支配地位，经济正义法理原则的实现应当适应这种转变并从以下六个方面进一步得到加强：

5.3.1　提高立法民主化程度

由于立宪程序和立法程序的差异，在宪法的抽象条文转变为具体的法律规定的过程中，"信息失真"不可避免。但我们可以通过建立上下级立法主体之间的立法指导和交流制度来使宪法规范在向下传递过程中的扭曲程度减少到最小。首先，"信息失真"一个很重要的原因在于时空场景转化而导致的地方化理解与个体理解差异而导致的主观化理解，这两种理解差异在宪法逐级向下传递的过程中都具有乘积效应，导致违宪的发生。上级立法主体对下级立法主体的立法指导与沟通可以通过对宪法规则、原则以及精神的一致理解来统合上述理解差异，保障宪法信息的准确传递，避免因理解差异而导致的违宪立法。其次，一般来说，由于上级立法机关层次更高，能吸引到更多的精英人才，且立法程序更严格，因此其立法水平、技术与能力也相对较高，立法指导制度可以有效提高下级立法机关的立法能力与水平，减少因组成人员能力与素质原因而导致的违宪。最后，上下级立法主体之间的沟通制度可以使得上级立法主体知晓地方与基层的客观情况，避免"闭门造法"，提高立法的科学性与适用性；下级立法主体也能够知晓上级立法主体立法时考虑的因素、原则与精神，对上级立法有更为深刻的认识和理解，避免因错误理解导致的违宪。具体来说，可以参考我国现有的各级行政学院、法官学院以及检察官学院的设置，效仿对政府公务员、法院法官以及检察院检察官的在职培训制度，在中央一级和省一级分别设立人大学院。省级人大常委组成人员、工作人员以及国务院法制办、各部委、直属机构法制机构相关人员在中央一级人大学院进行进修、学习，并接受全国人大常委的立法指导，与其进行立法经验与信息方面的交流。省级以下的各地人大常委组成人员以及政府部门法制机构相关人员在各自省一级人大学院进行进修、学习，并接受省级人大常委的立法指导，与其进行立法经验与信息方面的交流。人大学院的设置目的有二，其一，为上下级立法机关的指导和交流提供一个平台；其二，对本级及下级立法机关组成成员及工作人员进行立法技术方面的专业培训，提高立法科学化水平。

作为道德与价值的正义只有通过良善的法律才能付诸实现，正义通过法律得以明确并具有强制力。无论历史上的何种法律，都或多或少具有正义的因素和内容。实现正义的要求无疑是立法行为的首要动因，立法通过一定的制度设计，将虚化的正义固定下来，并具体化为一定的权利、义务，实现对资源、社会利益和负担进行权威的、公正的分配。[75]在法制化的市场经济中，国家既要弥补市场因为自发性、盲目性竞争状态而导致的失灵现象，又要通过法律对其自身的权力扩张、行为官僚等弊端进行控制，以防止对经济自由和权利的不法侵害，妨碍市场机制对资源的基础性配置作用。[116]但从根本上来说，要防范利益集团对宪法底线的突破，抑制其对立法的过度影响，有赖于发达市民社会的生成及违宪审查制度的完备。但这是一个长期的过程，在此目的达致之前，更为有效的办法则是提高立法民主化程度，完善公众参与立法制度，以此对强势利益集团的不当干涉形成一定程度的制衡。我国《立法法》在第 5 条明确规定，立法应当"体现人民的意志，发扬社会主义民主，保障人民通过多种途径参与立法活动"，这一规定充分地体现了我国法律的人民性和民主性。同时，《立法法》还在 34 条和第 35 条规定法律案"应当听取各方面的意见，听取意见可以采取座谈会、论证会、听证会等多种形式","经委员长会议决定,可以将法律草案公布,征求意见。各机关、组织和公民提出的意见送常务委员会工作机构";在第58条规定,"行政法规在起草过程中,应当广泛听取有关机关、组织和公民的意见。听取意见可以采取座谈会、论证会、听证会等多种形式。"同时,《立法法》在第68条规定地方性法规案、自治条例和单行条例的制定应当参照法律制定程序的规定,在第74条规定部门规章和地方政府规章的制定应当参考行政法规制定程序的规定。由此,《立法法》实际在各级立法程序中确立了立法草案征求意见制度以及立法听证制度,从而为公众参与立法提供了坚实的法律保障。虽然现在"开门立法"已成常态,从中央到地方的各级立法主体也已习惯了对立法草案公开征求意见和进行立法听证,并制定了大量的实施细则落实《立法法》的上述规定,但在实践过程仍然存在不少问题,从而影响了立法民主化程度的扩大。如征求意见的立法草案的范围以及立法听证的范围弹性较大,特别是一些地方立法,往往以涉及国家秘密和国家安全为由,无底线地加以限制;听证代表遴选程序不够公开、透明,存在直接邀请或指定的现象,听证参加人的代表性欠缺;听证人在听证过程中享有的权利不明确且得不到有效保障,听证程序中缺少辩论环节,导致听证会沦为"座谈会"和"茶话会";草案征集和立法听证形成的公众意见难以进入立法最终决策程序,① 公众参与的反馈机制缺失。上述问题的存在使得现有的立法草案征求意见制度以及立法听证制度政治意味大于法律意味,在某种程度上成为流于形式的"民主作秀"。因此,有必要通过法律的形式对《立法法》所确立的立法草案征集意见制度和立法听

---

① 杨福忠:《论我国公共信任期待下的立法听证制度》,《武汉理工大学学报(社会科学版)》2010年第4期,524-528

证制度进一步细化，形成相对统一的草案征集意见制度和立法听证制度的规则，以规范和解决立法民主化过程中出现的上述问题，真正体现对民众公意的尊重和保障。

5.3.2 规范行政执法行为

随着国务院《全面推进依法行政实施纲要》和《关于加强法治政府建设的意见》的深入贯彻和实施，法治政府建设步伐也随之不断加快，有力地促进了经济发展法治环境的改善。规范行政执法行为，同时不断提高政府职能部门依法行政水平，这既是建设法治政府的内在要求和发展趋势，也是优化经济发展法治环境的迫切需要。市场经济是法治经济，要优化经济发展法治的环境，促进经济又好又快发展，就必须规范行政执法行为，坚持依法行政，依法保障各类市场主体的合法权益。这就要求：

首先，要创新政府管理方式，推进服务型政府建设。各级政府及其职能部门充分运用间接管理、动态管理和事后监督管理等手段，采取行政指导、行政规划、行政合同、行政奖励、行政调解等方式管理经济社会事务，创新政府管理方式。同时，行政机关及其工作人员要转变传统的"重管理，轻服务"的观念，提高服务意识，快速提升服务水平，简化办事程序，提高工作效率，明确政府服务内容、标准、程序和时限等事项，规范政府服务行为，并将政府服务行为纳入行政电子监察，加强行政服务中心建设，完善政府公共服务平台，加快推进服务型政府建设。

其次，要全面贯彻落实《行政许可法》的规定，深化行政审批制度改革，进一步规范、减少和下放行政审批权。目前最重要的是要不断加强规范行政审批和非行政许可审批行为设定和实施的制度建设，为其正确实施提供切实制度保障。同时，加强对行政审批项目进行清理，坚决纠正违法设定审批、违法增设审批条件的行为，保留的行政审批项目全部进驻行政服务中心，实行一站式办理。除法律法规另有规定外，政府各职能部门要逐步将公民、法人和其他组织能够自主解决、市场机制能够自行调节、社会组织通过自律能够解决的事项转移出去，更好地履行经济调节、市场监管、社会管理和公共服务职能。另外，要加强对行政审批实施的日常监督与检查，特别要强化对进驻行政服务中心的行政审批行为的监督和指导，纠正超时限办理、违法实施定期检验等问题。具体而言，就要求坚持平等保护物权，清理和取消限制非公有制企业发展的地方性法规、规章和政策，建立公正、透明的市场准入规则和各种所有制经济平等竞争的市场环境，使各类市场主体在平等的法治环境中竞相迸发出发展的活力。

最后，规范行政执法行为，加强对行政执法监督工作，坚决制止乱收费、乱罚款、乱检查、乱摊派等侵害企业等市场主体权益的行为，依法保障各类市场主体的合法权益。这就要求在行政执法活动中严格推行"四个法定化"：一是行政程序法定化，增强行政决策透明度，让行政权力在阳光和公民监督下有序运行；二是行政收费法定化，建立符合现代政府职能的公共财政体系和制度，严格实行收支两条线、罚缴两分离；三是行政处罚法定化，解决以罚代管、多头处罚乱象；四是行政责任法定化，切断权力与利益之间的非法关联，实现有权必有责、权责相统一，促进行政机关廉洁行政、高效行政。

5.3.3　强化司法程序

英国著名法官丹宁勋爵曾说："他们（指上议院）认为（法院）

最重要的目标是实现法，而我认为是实现正义。"① 实现正义是法律
的出发点，也是法律的归宿。法律要切实地保障正义，通过司法程
序使受损的正义得到修复。为此，首先必须有一套公开解决冲突和
纠纷的规则和程序，并且这些规则和程序必须具有普遍的意义和公
正的内容；其次，适用这些规则时，应公正无私、不偏不倚。在现
代社会，为了保障纠纷及冲突的公正解决，法律所提供的程序和规
则主要有：审判公开，案件审理过程除涉及到国家秘密、个人隐私
外必须全程公开，接受社会监督，但不为舆论左右；司法独立，即
司法权的行使不受其他国家机关和任何个人的非法干预与控制；回
避制度，任何人不得成为有涉及自身利益关系案件的法官，法律纠
纷应该由超然于当事人的第三者来进行审理；律师自由，律师能够
没有顾虑地为当事人提供必要的法律服务；当事人的权利平等，即
冲突和纠纷双方均应享有有关程序法规定的诉讼权利，并有公平的
机会进行辩论和出示证据；案件的处理应当及时、高效；应有上诉
和申诉制度，从而实现上级法院对下级法院判决的公正性和合法性
进行审查等等。[75]在我国目前的司法实践中存在过多强调秩序价值
而忽视了正义价值的现实，司法作为社会矛盾和社会冲突解决的有
效手段，其中最主要价值选择无非是法律本身所体现出的社会正义
的实现。在司法过程中，司法者有时过多强调了案件处理的政治效
果和社会效果，从根本上忽视了案件处理的法律依据和要求。当时
可能一时是达到了现实需要的社会秩序和稳定，但无形之中造成的
是对社会正义的一种忽视和损害，更长远来看，是对整个社会长远

---

① ［英］丹宁：《法律的正当程序——丹宁勋爵和他的法学思想》，刘庸安等译，
　　法律出版社 1999 年版，第 9 页。

价值的舍弃，最终也会破坏了社会整体秩序的稳定和维护。① 要真正推进正义的全面实现，就必须使公平正义体现在司法活动的起点、过程和结果之中，就必须通过建立司法活动全过程的公正制度体系和机制，以此来制约、规范和纠正各种非公平正义行为，实现正义的全部内容。

5.3.4　完善宪法解释制度

宪法的生命力在于适用，但宪法本身的抽象性与稳定性却使得其与现实之间经常发生断裂，宪法解释无疑就是连接宪法文本与社会现实之间的最好桥梁。宪法解释是使宪法及时回应社会生活的变化，继而保持宪法生机与活力的有效手段。社会始终在不断发展变化，而宪法却是相对稳定的一种行为规范，因此宪法诞生后，一方面，它要使自身融入进千变万化的社会生活，发挥实效，另一方面，它也要维护自身的稳定，保证权威，而最有效也最及时的办法，无疑就是通过宪法解释对旧的宪法条文赋予新的生命力，使之能够有效回应社会发展的需求，而宪法本身也在这一解释的过程中获得长足发展。[111]宪法解释将表面看似违宪的时代行为容纳进宪法的价值体系，在解决我国转型与改革时期"良性违宪"危机的同时，也使宪法得以适用，宪政得以弘扬。我国现行宪法在第 67 条明确了宪法解释体制，即由全国人大常委负责解释宪法，但遗憾的是，这项权力二十多年来基本上被虚置。目前学界公认的宪法解释只有一次，即 1983 年 9 月六届全国人大常委二次会议通过的《全国人民代表大会常务委员会关于国家安全机关行使公安机关的侦查、拘留、预审

---

① 曾兆晖："公平正义的内涵、价值选择及实现困境"，《安庆师范学院学报（社会科学版）》，2011 年 7 月，第 36 页。

和执行逮捕的职权的决定》。虽然全国人大常委也曾做过一些关涉宪法的决定、决议①，其工作机构办公厅和法工委亦针对宪法问题做出过一些"法律询问答复"②，但无论是从形式还是从实质上，严格来说并不属于我国宪法所规定的宪法解释，更与"宪法学理论中的宪法解释——即在出现重大疑难时作为最终的机构决定宪法的真正含义——的含义相去甚远"③。尽管全国人大常委也曾意识到宪法解释的重要性，如 1999 年第九届全国人大第二次会议主席团在《关于中华人民共和国宪法修正案（草案）审议情况的说明》中指出有些意见和建议可以通过宪法解释来予以解决；2004 年修宪时，全国人大常委会副委员长王兆国在《关于〈中华人民共和国宪法修正案（草案）〉的说明》中再次强调了"宪法解释是明确宪法内容的一种方式"④，但在实践中，宪法解释机制却始终处于静止状态。因此，

---

① 如 1982 年 12 月 4 日第五届全国人大第五次会议通过的《关于实施〈中华人民共和国香港特别行政区基本法〉的决定》，1993 年 9 月 2 日第八届全国人民代表大会常务委员会第三次会议通过的《全国人民代表大会常务委员会关于加强对法律实施情况检查监督的若干规定》，1996 年 5 月 15 日第八届全国人民代表大会常务委员会第十九次会议通过的《全国人民代表大会常务委员会关于继续开展法制宣传教育的决议》，1998 年 12 月 29 日第九届全国人大常委会第六次会议通过的《关于新疆维吾尔自治区生产建设兵团设置人民法院和人民检察院的决定》，1999 年 6 月 26 日第九届全国人民代表大会常务委员会第十次会议通过的《关于〈中华人民共和国香港特别行政区基本法〉第二十二条第四款和第二十四条第二款第（三）项的解释》等。

② 如 1983 年 11 月 11 日全国人大常委会办公厅发布的《关于县级以上地方各级人民代表大会及其常委会工作中的一些问题的解答》，1984 年全国人大常委会办公厅与常务委员会法制工作委员会共同发布的《关于选举法的一些问题的答复》，以及全国人大常委会法制工作委员会有关《选举法》《地方组织法》在具体应用中的问题的数十件答复。参见周伟：《宪法解释惯例研究》，《社会科学研究》2002 年第 3 期，80 – 84。

③ 秦前红、涂四益：《"物权法之争"与宪法解释——兼与童之伟教授商榷》，《法学评论》2007 年第 3 期，3 – 8。

④ 马岭：《宪法修改与宪法解释》，《中国青年政治学院学报》2007 年第 2 期，74 – 77。

有必要立足现有宪政框架，对宪法解释制度进行完善。全国人大常委应该参照《立法法》对于法律解释制度的相关规定，制定详细的宪法解释规则或者宪法解释法，将宪法解释纳入可操作性的规范化的制度轨道，从而规范宪法解释的程序，提高宪法解释的效能。具体来说，首先要明确宪法解释的主体为全国人大常委①，解决因其工作机构如人大常委办公厅和法工委无权释宪而导致的违宪问题；其次，要明确立宪、修宪、释宪以及释法这四者之间的范围和限度，保障宪法解释制度的相对独立性；再次，在释宪程序的启动上应采取全国人大常委主动解释与被动解释相结合的方式，因为释宪的动力产生于宪法的适用要求，国务院、中央军事委员会、最高人民法院、最高人民检察院和全国人大各专门委员会以及省、自治区、直辖市的人大常委会这些主体与宪法的适用联系最为紧密，释宪要求也最为强烈，因此有必要赋予上述机关以释宪启动权；最后，宪法解释的程序可以遵照全国人大常委的议事程序来进行，并且应当以三分之二以上多数通过（区别于一般立法解释过半数通过）②。

---

① 实际上我国目前采用的是立法机关宪法解释体制，而采用这一体制的原因有学者将其总结为："第一，全国人民代表大会常务委员会是最高国家权力机关的常设机关，根据宪法规定享有立法权。由制定法律的机关解释宪法有利于全面、准确地把握法律的含义，保证宪法解释的权威性。第二，根据宪法的规定，全国人民代表大会常务委员会是宪法的监督机关，大量的宪法解释问题是宪法解释实施过程中出现的监督权与解释权的统一有利于保证宪法解释的权威性。第三，宪法解释是一项经常性的工作，作为常设机关，其组成人员富有政治和社会经验，具有合理的知识结构，并且其中也有法律专家，可以承担根据社会发展需要解释宪法的任务。"参见周叶中：《宪法（第二版）》，高等教育出版社、北京大学出版社 2005 年 3 月版，第 393 – 394 页。

② 参见朱群芳：《完善宪法解释 促进法治进程》，《求实》2003 年第 10 期，48 – 50。

5.3.5   健全法规备案制度

无论是立宪利益的分歧还是立宪理念的差异，宪政同意的实现在根本上有赖于宪政文化传统的形成。只有社会对宪政具有共同的认知，秉承共同的宪政文化传统，才更容易在大多数方面达成"妥协"，在同一个平台上展开讨论，消除"利益分歧"与"理念差异"，以最小的成本获得社会治理的最佳方案。这样的社会也才能够在避免分崩离析的同时又保持勃勃生机。因此，我国的经济立宪不仅要关注规则选择的过程与方式，更要注重宪政理念的传播，要让民众与政府深入了解和积极参与宪政的运作过程，将宪政融入社会的日常生活之中，真正尊重并维护它。当然，宪政理念的传播不能仅仅依靠口号式的宣讲，更取决于宪法的适用与违宪审查机制的运行，一部高高在上不具有可操作性的宪法是无论如何得不到民众的理解与认同的，历史与现实中太多的国家有宪法却无宪政，莫不源因于此。与此同时，我们可以尝试挖掘中国传统文化中与现代宪政相契合的因素，减少源自西方的宪政对于中国社会的文化陌生程度，促成中国宪政文化传统的有机形成。在全面、完善的违宪审查制度建立之前，利用好现有法规审查备案制度提供的空间具有重要意义，一方面能够在一定程度上抑制违宪的发生，维护宪法权威，另一方面也能为日后建立系统的违宪审查制度提供宝贵的实践经验。我国的法规审查备案制度目前面临的最大问题便是审查程序太过原则、粗糙，且没有时限限制，导致相关机构和公民提起审查请求后往往得不到有效回馈。因此，全国人大常委有必要对现行的审查程序进行细化，使之更具有可操作性和实效性，特别是要对各个审查环节进行严格的时限限制，明确违反程序的责任后果，尤其是拒绝公民违宪审查建议的决定应当说明详细的拒绝理由，使得每一项提起的违宪审查请求都能在规定时间内得到有效回馈。此外，应当增强法规审查备案室的审查力量，现有审查受制于人员编制和审查技术的限制，往往只是流于形式的表面审查，因此至少应当考虑配备更多的审查人员，以提高审查的质量与效率。

宪政制度的建立并不简单是上层改革某项制度的问题；最根本上的，它离不开一种宪政文化，也就是对基本宪法准则的普遍认同，而文化的建立当然也离不开制度的实践。宪政制度的确立以相应的大众文化为社会前提，而宪政文化的建立则以制度的实践为开端。① 而宪法权威的树立以及宪法信仰的形成有赖于宪政文化的培育，宪政文化的培育虽然不是一个一蹴而就的短期过程，但也并不意味着当下我们只能无所作为。加强制度建设和提高民众的和宪法意识和宪政精神是促进宪政文化发展的重要措施。首先，前述的立法草案征集意见制度以及立法听证制度为公众参与立法、实践宪政提供了绝佳的操练机会，在这一过程中公众将宪法的精神、价值、原则与自身的日常生活紧密联系起来，使得宪政在潜移默化中内化为一种生活方式，从而有助于树立对宪法的内心认同。其次，在宪法的实施中，公民的宪法意识起着重要作用，没有成熟的公民意识，宪法实施就会遇到各种障碍。而提高公民宪法意识的重要途径也是及时地作出宪法解释，使公民在具体的宪法解释案例中感受到宪法的存在，在实际生活中关注宪法问题，实现和充分保护自己的权益。所以，制度化、经常化的宪法解释有助于宪政精神的宣扬、宪法知识的普及，通过宪法解释所传达的宪法信息使得人们能于生活中认识

---

① 张千帆：《宪法学导论——原理与应用（第二版）》，法律出版社2008年8月版，第122页。

宪法、感受宪法、运用宪法,① 进而为宪政文化的生成提供共同的价值基础。最后,宪政精神是一个民族尊重宪法,实施民主政治的风气和习惯。筑造全民族的宪政精神是宪法文化发展的前提,而宪政精神的形成和培养将是一个长期的过程,这就要长期进行宪法的宣传教育,使公民形成遵守宪法和尊重宪法的观念。尤其是各级国家机关的领导人应该带头遵守宪法。通过建立必要的制度和开展一定形式的活动来保证宣传宪法。[111]同时运用一些外在的物化的手段可以增强公民的宪法意识,在日常生活中引导形成对宪法的尊崇与信仰,如效仿一些国家建立国家公职人员效忠宪法和国家的就职宣誓制度,确立"国家宪法日",建立类似于"法国自由广场、卢森堡宪法广场等物化形态的宪法标志性建筑"② 等等。

5.3.6 建立公共讨论平台

社会治理方案的选择应当允许政府官员、知识精英与社会民众深入讨论,消除宪政理念的差异,寻找科学的治理方案。因此,公共讨论平台的建立就显得尤为必要,通过广泛的对话、讨论和交流,实现政府、精英、民众在关系社会基本走向的制度选择上的三元互动,不仅有利于消解理念上的偏见与分歧,也是现代民主的必然要求。一切有关社会基本制度的立法与政策出台,事先都应当放在公

---

① 韩大元:《社会转型与宪法解释功能——谈建立"中国宪法解释学"的可能性》,《法制与社会发展》2002 年第 6 期,6 – 8。

② 曾瑜:《论树立宪法权威》,《四川师范大学学报(社会科学版)》2010 年第 2 期,15 – 19。

共讨论平台上予以辩论，使得问题能够充分暴露并解决。① 当然，我国在公共讨论的事项范围、讨论过程中的言论自由保护以及讨论的制度化和规范化方面还有很大的不足，这些都需要我们进一步努力。另一方面，由于权力和资源禀赋上的不同，公共讨论中的话语权往往被政府与知识精英所垄断，民众的声音相对微弱。同时，政治制度的直接参与者与实践者实际上只是局限于这些少数的精英。这就容易导致经济立宪过程被强势利益集团所操纵，立法不公大量出现。因此，民意表达机制的顺畅具有关键作用，是在公共讨论中制衡政府与知识精英、防范立法利益集团化的重要力量。② 毕竟，广大民众是改革过程的参与者，改革利益的享有者和改革成本的最终承担者。如果脱离民众的参与和支持，任何一项经济改革都不可能取得成功，并且最终将走向"权贵市场经济"。③

　　同样值得我们注意的是判断我国经济立宪科学性的标准。布坎南指出，立宪理念一致意见合法性与正当性的根源在于它"对相关的每一个人都同样有利"。这实际上是要求我们的经济立宪必须关注

---

① 这方面我国其实已经有一些很好的经验，如《物权法》与《劳动合同法》在出台之前都向社会广泛征求意见，数十万的意见反馈与社会的激烈讨论，无疑增进了立法的科学性；新医改方案在正式出台之前更是邀请了国内外数个知名专业研究机构提出独立方案，并将草案向社会公布，广纳四方之智，力求制定出最符合我国国情的科学方案。

② 这也正如前文中对宪政文化的论述，宪政文化培育和形成要求适当的大众参与，从而使社会改革沿着大多数人能够认同的方向进行，因而限制政治精英的作用与权力。这就要求人民能够影响政府，因而要求一种民主文化，而这正是传统社会所缺乏的。与此相关的是，这个社会必须具备一套普遍接受的权力游戏规则，而精英对基本规则的偏离能引起足够强烈的社会反应，以便对立方能充分利用社会支持来迫使规则的破坏者就犯。参见张千帆：《宪法学导论——原理与应用（第二版）》，法律出版社，2008 年 8 月版，第 109 页。

③ 陈旭东：宪政经济学与中国经济改革的宪政问题，《现代财经》，2007 年第 2 期，第 7 页。

社会每一个体的生存境遇，不能以牺牲一部分人的利益为代价来追逐经济增长，特别是要有助于改善弱势群体①的生存境遇，因为他们也是型构社会发展的不可缺少的一部分。而这也符合社会分配的帕累托最优原则，即在不使所有人利益受损的情况下至少使一个人获益，如果社会制度的改变使得某些人受益但却导致另一些人境况的恶化，那么这就不是一个良善的制度。在经济立宪的过程中我们应当将弱势群体的保障放到优先地位，切实提升其生活水准，实现强者的发展和弱者的改善同步进行，避免一面是社会财富的大幅增长，另一面却是弱势群体贫困积累的"零和"发展局面。② 这在基尼系数不断攀升的我国，这无疑具有重要的现实意义。

目前，我国正在经历着人类历史上最大规模的多重转型，既有经济体制转型，又有社会、政治的转型，也有开放转型。这些转型相互联系、相互交织、相互作用，构成了中国转型与发展的独特之处。但发展并不总是水平向前，发展过程中一定会存在着落差，落差越大，对经济发展、社会稳定的冲击就会越大。这些落差导致当前社会不仅出现经济权利的分化，而且也出现了其他各方面权利分化的趋势，有的人不仅在经济上处于弱势，而且在其他方面也处于弱势：表达意愿和诉求的渠道还不畅通，影响力、话语权较弱，甚至成为社会排斥、社会歧视的对象。弱势群体正是在这样的社会分化过程中逐步积淀、形成，甚至有扩大化的趋势。弱势群体扩大化

---

① 早在 2002 年 3 月，《政府工作报告》就正式使用了"弱势群体"一词。除了收入贫困，在很多维度上，都有不同的弱势群体。他们受各种形式贫困的困扰：或在教育、健康、住房、就业等方面机会不平等；或在知识获取和交流等方面权利较少；或者生存资源与环境条件恶劣，或者利益表达机会缺乏等。弱势群体是权利缺失的一个群体，也是最应该被社会关注的一个群体。

② 赵迅、刘焕桂：弱势群体保护的人本主义诠释，《湖南大学学报（社会科学版）》2009 年第 1 期，第 119 页。

是转型期的弊病之一，这不仅是单一群体的扩大，而且弱势群体间的关联性相对较大，使得弱势群体总体人口特征更加复杂化，如与农民工群体相应的是留守儿童群体、留守农村妇女及老年人群体、失地农民等。

　　中国经济的转型与发展带来持续的经济增长，也令不公平问题日益凸显。防止弱势群体扩大化、积弱化、复杂化的趋势，从"让人民群众共享改革发展的成果"，到以共享为要义的"包容性增长"；从不断扩大的社会保障范围，到着力进行收入分配改革，改变弱势群体生存状况，在最大程度上实现公平正义，是当下和今后一个时期社会建设的重要任务。防止弱势群体继续停留在发展的边缘，需要在全社会树立公平正义观，要有计划地采纳适宜中国国情的帮扶与发展方案，使弱势群体也能共享社会发展的成果。首先，需要改革与完善现有社会分配机制，政府应当将收入再分配问题置于突出位置，对弱势群体和低收入群体给予重点照顾；其次，在公共教育、医疗卫生、住房保障等领域形成资源公平分配的合理机制，使得弱势群体也具有同等的就业和人生发展机会；最后，要形成社会阶层流动的公平机制，在户籍平等、社会保障、税收财政、利益表达等领域保障弱势群体的应有权利，通过制度变革使国家最大限度地代表民意、凝聚民心、集中民智。我们相信，通过政府及全社会的努力，共同分享的阳光将会普照中国的每位公民。在和谐互助的社会氛围中，弱势群体也将获得更多积累社会资本的机会，将获得更充分利益表达渠道和利益维护途径。①

　　以上对策虽然主要是针对违宪采取的具体措施，但是其最终的

---

① 胡鞍钢：《时事观察：弱势群体如何走进"春天里"》，http：//news. xinhuanet. com/politics/2010－11/25/c_12813554. htm，2012 年 10 月 21 日访问。

价值取向却是指向正义原则的，是对正义原则的偏离而采取的对策措施。只有使违宪的行为回到宪政轨道，正义原则才可能得以实现。这对于有国家（政府）参与经济领域而言，国家（政府）不仅遵守作为根本大法的宪法，而且接受一般经济立法中的宪政约束，才有可能真正保障正义原则实现，而上述法治对策采用正是国家（政府）的遵守宪法以及接受宪政的约束的具体体现。

结　论

　　自然法理论、经济宪政理论、布坎南宪政经济学有关"一致同意"原则的理论、罗尔斯正义论构成了经济正义法理原则的主要理论来源。宪政是自然法则的法律化，宪法支撑着宪政的基础，而自然法就是宪法的高级法背景，自然正义和法律正义构成了宪政的正义之维。经济宪政作为宪政的子系统，是宪政在经济法领域的展开；基于国家权力参与的缘故，经济法应当保障公民经济权利，在国家经济权力的形成、运行上发挥宪政约束作用；同时，作为一个法律部门，经济法应当服从法的基本精神，正义是法的本体价值，故经济法的本体价值就是正义。经济宪政与正义原则的关系为：前者是后者的最佳实现形式，后者是前者的基本价值取向。

　　经济正义法理原则主要包括经济立宪阶段的正义和经济立宪后的正义，即形成宪政规则过程中应当具备的程序正义以及宪政规则具体内容所包含的实体正义，因而它们的具体侧重各不相同，前者侧重于满足人民的参与性和意愿表达的需求，并且这种参与和意愿表达应当达成意见一致，而不是少数就可以被忽视；在前者被满足的情况下，后者侧重于限制国家经济权力的恣意扩张，维持公民经济权利与国家经济权力之间的平衡，从而保障公民经济权利的自由平等的实现。经济立宪阶段的正义源于布坎南"一致同意"原则的启示，即：通过运用不确定之幕的方法，以及通过经济学决策成本的比较，得出以对话或者妥协可以分别满足其在立宪理念或者立宪利益上的一致，这是正义的先置程序标准；经济立宪后的正义则体现了经济正义原则的实体内容，它源于罗尔斯二个正义原则中自由平等原则的启示，即：主要适应政治生活领域的自由平等原则和主要适应经济生活领域的差别原则，后者需要满足两组条件，即机会公平平等原则，以及最不利地位的人最大受益（差别原则必须最终以平等为目标）。这几组原则是具有一定优先次序性。自由平等原则相对差别原则具有优先性，这一方面表现为自由平等在政治生活领域内绝对性，不容差别的存在；另一方面差别原则必须建立两个基础上，一是不破坏机会公平平等原则，二是通过机会公平平等原则所导致的不平等进行差别修正，最终也是为了达至平等，所以差别原则应当表现为地位最不利的人的最大受益。由此可见，机会公平平等原则相对差别原则也具有优先性。因此，作为基础的"平等原则"和作为补充的"差别原则"为国家对经济的干预以及扩大对弱势群体的特殊保护等提供相应的理论支撑，由此看来，平等原则是最终目的，而差别原则只是过程手段。并且，自由作为正义的核心，具有对平等的优先性，平等是自由的平等，平等是为了达到平等的自由；所以，经济的自由平等就是经济宪政正义的核心内容，而经济的自由平等应当是经济法所要保障的权利，是作为一项法律权利而存在，这样，正义的伦理价值与宪政的权利保障天然地结合在一起。因而，经济正义法理原则的结构与法律权利的结构具有实质重合性，可从静态和动态两个角度进行理解，其静态结构体现的是宪政框架下的经济关系，其核心是公民经济权利与国家经济权力之博弈。其动态结构体现的是宪政框架下的经济法治实现过程，涵括了经济立法、经济守法、经济执法与经济司法整个法治过程。在这过程中，只有防止国家经济权力的滥用，保障公民的经济权利，才能维持经济正义法理原则的静态和动态平衡，才能真正实现经济自由平等，从而促进社会整体利益的有效实现。

经济正义法理原则的制度化，可从其在法律中的体现、经济法律制度建构及其在经济法治中的发展三个方面来理解。正义原则作为统领性的指导原则，其化为具体法律规范时应当遵循如下要求：宪法必须要能够确保宪政正义；法律法规必须要符合正义原则和宪法精神；发展社会自治，促进社会立法的发展。具体到经济法则主要表现为强化其在市场主体法律制度、市场秩序法律制度、宏观调控法律制度、以及社会分配法律制度中的设计。正义原则的制度构建应当围绕权利保障来进行，确立经济权利与经济权力的形态，通过保障基本经济权利，规范政府经济职权，改进现行司法体制，从而确保经济正义法理原则的确立。其法治发展具体表现为经济规则和市场规则的发展，不能发展的正义不是真正的正义。"一致意见"是正义原则发展的逻辑起点；而增强公民的参与性，从而形成"一致意见"，是其发展的根本保障。在没有满足参与性要求、或者没有形成一致意见情形下，应当保留公共理性和司法审判作为正义原则发展的补偿机制。

经济正义法理原则的实现，重点要从解决违宪入手，通过相应的法治对策，纠正各种偏离正义的现象。我国诸种经济社会问题的根源在于缺乏经济宪政的约束以及对正义原则的偏离，具体表现为各种形式的违宪行为，据以采取的对策措施应当如下：强化立法指导，确保经济法规范本身的正义性；提高立法民主化程度，促进经济民主的实现；规范行政执法行为，推进法治政府建设；完善司法程序；完善宪法解释制度，确保经济宪政的统一性和权威性；完善法规备案审查制度，培育宪政文化和法治文化；建立公共讨论平台，确保弱势群体利益诉求的有效实现。上述对策虽然主要是针对违宪采取的具体措施，但是其最终的价值取向却指向正义原则，从根本上看，是对正义原则的偏离而采取的对策措施。只有使行为回到宪政轨道，经济正义法理原则才可能得以实现。

　　上述经济正义法理原则的研究在理论渊源、内容与结构、制度化过程以及实现方式上作了宏观的探讨与设计，特别是综合布坎南的宪政经济学与罗尔斯正义论，在立宪程序与实体内容上提出一套相对完整、具有操作性的正义标准，并使之法律制度化，从而实现正义原则的自由平等价值与经济宪政的权利保障措施对接吻合，这对经济立法、执法、司法以及守法等整个法治过程的正义价值的实现可以起到有效促进作用。同时，以经济宪政满足公民的参与愿望和意见表达，约束政府经济权力，以保障公民经济权利，从而实现经济自由平等，这为缓和乃至消除当前我国经济社会的各种矛盾提供了具有现实意义的解决框架。但是将上述正义原则的宏观设计细化和深化为具体的法律制度安排，即：确立符合正义原则的具体经济法律规范，并将之运用于现实经济活动中，这还有待于今后进一步深入进行实证应用研究。

参考文献

[1] [澳] 布伦南，[美] 布坎南. 宪政经济学. 冯克利等译. 北京：中国社会科学出版社，2004，5，344

[2] 单飞跃. 经济宪政：一个宪政新命题的提出. 湖湘论坛，2005，(3)：49 -51

[3] 肖峰昌，阎桂芳. 经济法的宪政价值研究，山西大学学报（哲学社会科学版），2006，29 (4)：81 -85

[4] 李慧芳. 布坎南宪政经济思想初探. 大学时代，2006，(4)：35 -36

[5] 王显勇. 论经济法的宪法基础. 湖南大学学报（社会科学版），2006，20 (3)：137 -144

[6] [美] 理查德·A·波斯纳. 法律的经济分析（上）. 蒋兆康译. 北京：中国大百科全书出版社，1997，1，31

[7] Posner, R. A. Utilitarianism, Economics and Legal Theory. Journal of Legal Studies, 1979, 8：103 -140

[8] [美] 查尔斯·A·比尔德. 美国宪法的经济观. 何希齐译. 北京：商务印书馆，1984，2

[9] [美] 詹姆斯·M. 布坎南，戈登·塔洛克. 同意的计算——立宪民主的逻辑基础. 陈光金译. 北京：中国社会科学出版社，2000，2，1 -7

[10] 约翰·罗尔斯. 正义论. 何怀宏，何包钢，廖申白译. 北京：中国社会科学出版社，1988，3，56，57，200，249，73，54

[11] 毛勒堂. 试论经济正义及其存在论基础. 云南大学学报（社会科学版），2004，（1）：36－41

[12] 何建华. 经济正义论. 上海：上海人民出版社，2000，174－180

[13] 王爽. 论经济正义：[新疆大学硕士学位论文]. 乌鲁木齐：新疆大学，2006，4

[14] Robert B. Cooter Jr. , Thomas Ulen. Law and Economics. London：Prentice Hall，2002，5

[15] H. L. Feldman. the Critical Discussion. Objectivity of Legal Judgment，1994，92：1187

[16] Ugo Mattei. Basic Principles of Property Law：A Comparative Legal and Economic Introduction. Seattle：Praeger Publishers Inc. ，2000，5

[17] [美] 乌戈·马太. 比较法律经济学. 沈宗灵译，张建伟审校. 北京：北京大学出版社，2005，2

[18] 张维迎. "作为激励机制的法律"，信息、信任与法律. 上海：三联书店，2003，63－178

[19] Frank Thilly. A History of Philosophy. Boston：Ulan Press，1995，187

[20] 刘连泰. 宪法的彼岸世界与此岸世界. 浙江社会科学，2004，（6）：58－66

[21] 李琦. 宪法哲学：追问宪法的正当性. 厦门大学学报（哲学社会科学版），2005，169（3）：13－20

[22] Henry Sumner Maine. Ancient Law. New York：Cosimo Classics，2005，43

[23] 汪太贤. 从神谕到自然的启示：古希腊自然法的源起与生成. 现代法学，2004，26（6）：16－25

[24] Ernest Barker. The Political Thought Of Plato And Aristotle. Boston：Ulan Press，1998，72

[25] [德] 海因里希·罗门. 自然法的观念史和哲学. 姚中秋译. 上海：三联书店出版社，2007，11－12

[26] [德] 文德尔班. 哲学史教程（上卷）. 罗达仁译. 北京：商务印书馆，1987，105

［27］朱海波，柯卫. 论西方现代宪政主义的哲学基础——自然法. 山东社会科学，2008，（8）：37 - 41

［28］Derek Heater. Citizenship：The Civic Ideal in World History, Polities and Education. Manchester：Manchester University Press, 2004, 12

［29］［古罗马］马可·奥勒留. 沉思录. 何怀宏译. 北京：中国社会科学出版社，1989，51

［30］丛日云. 西方政治文化传统. 长春：吉林出版集团有限责任公司，2007，202

［31］Edward S. Corwin. The "Higher Law" Background of American Constitutional Law. New York：Liberty Fund Inc, 1996, 7

［32］［意］托马斯·阿奎那. 阿奎那政治著作选. 马槐清译. 北京：商务印书馆，1963，107

［33］Thomas Aquinas. Summa Theologiae：Volume 1, Cambridge：Cambridge University Press, 2006, 53

［34］北京大学西语系资料组. 从文艺复兴到十九世纪资产阶级文学家艺术家有关人道主义人性言论选辑. 北京：商务印书馆，1971，3

［35］应克复. 西方民主史. 北京：中国社会科学出版社，1997，126

［36］石柏林，刘焕桂. 权力文化观与现代法治. 徐州师范大学学报（哲学社会科学版），2007，33（1）：110 - 116

［37］苏力. 从契约理论到社会契约理论 - 一种国家学说的知识考古学. 中国社会科学，1996，（3）：79 - 103

［38］John Locke. Two Treatises of Government. Cambridge：Cambridge University Press, 1988, 77

［39］［德］恩斯特·卡西尔. 国家的神话. 范进，杨君游，柯锦华译. 北京：华夏出版社，1999，205

［40］L . Strauss. Natural Right and History. Chicago：University of Chicago Press, 1953, 215

［41］封丽霞. 法典法、判例法抑或"混合法"：一个认识论的立场. 环球法律评论，2003，（3）：322 - 328

［42］申建林．自然法理论的演进——西方主流人权观探源．北京：社会科学文献出版社，2005，125

［43］Simpson, A History of The Common Law, Oxford：Clarendon Press, 1987, 203

［44］Robert Alexy, The theory of Constitutional Right. Oxford：Oxford University Press，2002，21

［45］吕世伦，张学超．西方自然法的几个基本问题．法学研究，2004，（1）：150 – 160

［46］［古希腊］亚里士多德．政治学．吴寿彭译．北京：商务印书馆，1965，148，138，167 – 168

［47］［古希腊］柏拉图．理想国．郭斌和，张竹明译．北京：商务印书馆，1986，61，19

［48］［古罗马］西塞罗．论共和国论法律．王焕生译．北京：中国政法大学出版社，1997，83

［49］周芳勤，王珉．自然法学说中"正义"观念的历史变迁．广西政法管理干部学院学报，2003，（4）：40 – 42

［50］［英］梅因．古代法．沈景一译．北京：商务印书馆，1996，51

［51］郭道晖．法的时代精神．长沙：湖南人民出版社，1997，377

［52］单飞跃，唐翔宇．经济宪政：宪政与经济关系新解读．求索，2006，（6）：124 – 125

［53］James M. Buchanan. The Domine of constitutional Economics. Constitutional Political Economy，1990，（1）：98 – 109

［54］James M. Buchanan. Limits of Liberty , Chicago：University of Chicago Press, 1975，162

［55］方福前．公共选择理论——政治的经济学．北京：中国人民大学出版社，2000，229

［56］James M. Buchanan. Explorations into Constitutional Economics, Texas：A&M University Press, 1989, 58

［57］唐寿宁．"同意的计算序言——公共选择理论：应用还是拓展"，［美］

布坎南、塔洛克. 同意的计算. 陈光金译. 北京: 中国社会科学出版社, 2000, 5

[58] 冯兴元. 宪政经济学编校序. 参见 [澳] 布伦南, [美] 布坎南. 宪政经济学, 冯克利等译. 北京: 中国社会科学出版社, 2004, 5

[59] [美] 杰夫雷·萨克斯, 胡永泰, [美] 杨小凯. 经济改革与宪政转型. 开放时代, 2000, (4): 15

[60] Michael Mastanduno. Toward a Realist Theory of State Action. International Studies Quarterly, 1989, 133 (4): 121 – 125

[61] [法] 卢梭. 社会契约论. 何兆武译. 北京: 商务印书馆, 2009, 25 – 26

[62] [法] 孟德斯鸠. 论法的精神 (上). 张雁深译. 北京: 商务印书馆, 1986, 151, 154

[63] 车亮亮. 经济法的初始范畴研究——权利视角的思考与探讨. [西南政法大学硕士学位论文]. 重庆: 西南政法大学, 2008, 11 – 18

[64] 高全喜. 宪政正义与超验正义——两种正义及其悖论. http: // www. comment – cn. net/politics/politicalidea/2006/0601/article_ 1837. html, 访问日期 2012 – 9 – 17

[65] John Rawls. A Theory of Justice. Cambridge: Harvard University Press, 2005, 56, 57

[66] John Rawls. Political Liberalism. New York: Columbia University Press, 1993, 208

[67] A. Wertheimer. The Equalization of Legal Resources. Philosophy and Public Affairs, 1988, 17: 301 – 322

[68] 何怀宏. 公平的正义: 解读罗尔斯《正义论》. 济南: 山东人民出版社, 2002, 144 – 145, 48

[69] Jason Brennan. Rawls' Paradox. Constit Polit Econ, 2007, 18: 287 – 299

[70] John Rawls. Two concepts of rules. The Philosophical Review, 1955, 64: 3 – 32

[71] Burleigh Wilkins. Rawls on Human Rights: a Review Essay. The Journal of Ethics, 2008, 12: 105 – 122

[72] Milton Fisk. the Sate and the Market in Rawls. Studies in Soviet Thought,

1985，30：347 - 364

[73] Erin M. Cline. Two Senses of Justice: Confucianism, Rawls and Comparative Political Philosophy. The Journal of Ethics, 2008, 12: 123 - 140

[74]［美］博登海默. 法理学：法律哲学与法律方法. 邓正来译. 北京：中国政法大学出版社，2004，298，307，347

[75] 付子堂. 法理学进阶. 北京：法律出版社，2005，131，116，171，172

[76] Thomas Nagel. The Problem of Global Justice. hilosophy and Public A？airs, 2005, 35: 125 - 139

[77] 马克思恩格斯全集（第1卷）. 北京：人民出版社，1995，201

[78]［英］洛克. 政府论（下篇）. 叶启芳，瞿菊农译. 北京：商务印书馆，1983，36

[79] 杨正旭. 美国宪法上的言论自由并非绝对的权利——以联邦法院判例举证. 中正日报，1986 - 5 - 26

[80]［英］密尔. 论自由. 许宝骙译. 北京：商务印书馆，2007，66

[81] 张子礼，邓晓臻. 从权利到价值：马克思对现代社会理念的批判与重建. 东岳论丛，2010，（6）：164

[82] Dan Usher. Rawls, Rules and Objectives: A Critique of the Two Principles of Justice. Constitutional Political Economy, 1996, 7: 103 - 126

[83] John Stuart Mill. On Liberty. New York: Dover Publications, 2002, 190

[84] John Rawls. Justice as Fairness: Political not Metaphysical. Philosophy and Public Affairs, 1986, 15: 223 - 251

[85] Harry Brighouse. Political Equality in Justice as Fairness. Philosophical Studies, 1997, 86: 155 - 184

[86] Richard J. Arneson. Against Rawlsian Equality of Opportunity. Philosophical Studies, 1999, 93: 77 - 112

[87] Bengt - Arne Wickstrom. Economic justice and economic power: An inquiry into distributive justice and political stability. Public Choice, 1984, 43: 225 - 249

[88] Cohen G. A. The Pareto Argument for Inequality. Social Philosophy and Policy, 1995, 12: 160 - 185

[89] Smilansky Saul. Egalitarian Justice and the Importance of the Free Will Problem. Philosophia, 1997, 25: 153 - 161

[90] 朱巧玲, 卢现祥. 新制度经济学国家理论的构建: 核心问题与框架. 经济评论, 2006, (5): 88

[91] 冯克利. 宪政经济学 (译序). [澳] 布伦南, [美] 布坎南. 宪政经济学. 冯克利等译. 北京: 中国社会科学出版社, 2004, 7

[92] [德] 柯武刚, 史漫飞. 制度经济学——经济秩序与公共政策. 韩朝华译. 北京: 商务印书馆, 2000, 252

[93] Helen. The Economic Borders of the State, Oxford: Oxford University Press, 1989, 142

[94] [美] 道格拉斯·诺斯. 经济史中的结构与变迁. 陈郁, 罗华平译. 上海: 上海三联书店, 1991, 20

[95] 马克思恩格斯选集 (第四卷). 北京: 人民出版社, 1972, 137

[96] 李昌麒. 经济法——国家干预经济的基本法律形式. 成都: 四川人民出版社, 1995, 27

[97] 漆多俊. 论权力, 法学研究, 2001, (1): 30

[98] Dicey, A. V. Introduction to the Study of the Law of the Constitution. Indianapolis: Liberty Fund, 1982, 120

[99] Chen, Albert H. Y. Toward a Legal Enlightenment: Discussions in Contemporary China on the Rule of Law. UCLA Pacific Basin Law Journal, 1999 - 2000, 17: 125 - 165

[100] Sartori, Giovanni. The Theory of Democracy Revisited Chatham, New Jersey: Chatham House, 1987, 308

[101] 陈旭东. 宪政经济学与中国经济改革的宪政问题, 现代财经, 2007, (2): 7

[102] 张金来. 公平正义的法治实现. 陕西职业技术学院学报, 2007, (9): 32

[103] [英] J. M. 凯利. 西方法律思想简史. 王笑红译. 北京: 法律出版社, 2002, 6 - 7

[104] 付子堂. 法理学进阶 (第二版). 北京：法律出版社，2006，170

[105] Roscoe Pound. Jurisprudence (Vols. 1). New York：The Lawbook Exchange, Ltd., 2000, 367-368

[106] 鲍家志，盘佳. 司法正义是实现社会正义的保证. 广西社会主义学院学报，2010，(8)：85，86

[107] 邓仁伟. 发展伦理视阈中的正义原则. [江西师范大学硕士研究生学位论文]. 南昌：江西师范大学，2008，31

[108] 刘舒适. 宪政传统中的罗尔斯正义理论之演变-从正义论到政治自由主义：[湖南师范大学硕士学位论文]，长沙：湖南师范大学，2003，12，13

[109] 史华松. 转型时期中国经济法的宪政价值探究. 西南政法大学学报，2009，(4)：10

[110] 刘舒适. 罗尔斯正义理论的宪政之维——从正义论到政治自由主义. 新疆社会科学，2005，(6)：15

[111] 周叶中. 宪法 (第二版). 高等教育出版社. 北京：北京大学出版社，2005，183，390-391，180

[112] 韩磊. 正义原则与中国社会正义制度构建. 黑河学刊，2009，(10)：14

[113] [法] 托克维尔. 论美国的民主 (下卷). 董果良译. 北京：商务印书馆，2004，640

[114] 戴剑波. 权利正义论. 北京：法律出版社，2007，137，136，148，57，119

[115] 马晓燕. 论当代中国社会转型期的正义问题. 思想战线，2011，(4)：73-75

[116] 魏琼. 西方经济法发达史. 北京：北京大学出版社，2006，261，262，112，62

[117] 王红霞，李国海. "竞争权" 驳论——兼论竞争法的利益保护观. 法学评论，2012，(4)：99

[118] 周灵方. 竞争正义如何可能——反垄断法的经济伦理学批判. 求索，2012，(3)：118

[119] 王新红. 规则约束下的相机抉择——宏观调控法几个基本问题的再思考.

法学论坛, 2010, (9): 53

[120] 严颂, 何跃春. 经济宪政的社会和谐功能考量. 重庆科技学院学报 (社会科学版), 2006, (6): 2-4

[121] [美] 詹姆斯. M. 布坎南. 宪法秩序的经济学与伦理学. 朱泱等译. 北京: 商务印书馆, 2008, 74, 77, 85, 89

[122] 唐寿宁. 经济学的宪政视角——《经济学与宪政秩序的伦理学》述评. 管理世界, 2005, (8): 167

[123] 刘典金. 论罗尔斯的政治正义思想及其对中国宪政建设的启示. 延安大学学报 (社会科学版), 2009, (2): 53

[124] Viktor Vanberg, James M. Buchanan. Interests and Theories in Constitutional Choice, Journal of Theoretical Politics, 1989, 1 (1): 49-62

[125] 王世杰, 钱端升. 比较宪法. 北京: 中国政法大学出版社, 2004, 313

[126] 蔡定剑. 关于什么是宪法. 中外法学, 2002, (1): 92-102

[127] 胡锦光, 秦奥蕾. 宪法实践中的违宪形态研究. 河北学刊, 2006, (5): 166-171

[128] 蔡定剑, 李霞. 公民申请违宪审查案例分析研讨会纪要. 人大与议会网 http://www. e-cpcs. org/newsinfo. asp? NewSid=8296. 访问日期2010-12-30

[129] 郝铁川. 论良性违宪. 法学研究, 1996, (4): 83-89

[130] 童之伟. 良性违宪不宜肯定: 郝铁川同志有关主张的不同看法. 法学研究, 1996, (6): 102-110

[131] 童之伟. 宪法实施灵活性的底线——再与郝铁川商榷. 法学, 1997, (5): 38-43

[132] 王保成. 宪法权威的生成机制辨析. 现代法学, 2004, (6): 99-104

[133] 杨福忠. 论我国公共信任期待下的立法听证制度. 武汉理工大学学报 (社会科学版), 2010, (4): 524-528

[134] [英] 丹宁. 法律的正当程序——丹宁勋爵和他的法学思想. 刘庸安等译. 北京: 法律出版社, 1999, 9

[135] 曾兆晖. 公平正义的内涵、价值选择及实现困境, 安庆师范学院学报 (社会科学版, 2011, (7): 36

［136］秦前红，涂四益．"物权法之争"与宪法解释——兼与童之伟教授商榷．法学评论，2007，（3）：3－8

［137］马岭．宪法修改与宪法解释．中国青年政治学院学报，2007，（2）：74－77

［138］朱群芳．完善宪法解释 促进法治进程．求实，2003，（10）：48－50

［139］张千帆．宪法学导论——原理与应用．北京：法律出版社，2008，122

［140］韩大元．社会转型与宪法解释功能——谈建立"中国宪法解释学"的可能性．法制与社会发展，2002，（6）：6－8

［141］曾瑜．论树立宪法权威．四川师范大学学报（社会科学版），2010，（2）：15－19

［142］陈旭东．宪政经济学与中国经济改革的宪政问题．现代财经，2007，（2）：7－10

［143］赵迅，刘焕桂．弱势群体保护的人本主义诠释．湖南大学学报（社会科学版），2009，（1）：119

［144］胡鞍钢．时事观察：弱势群体如何走进"春天里"．新华网 http：//news. xinhuanet. com/politics/2010－11/25/c ＿ 12813554. htm. 访问日期 2012－10－21.

后　记

　　本书是在我博士学位论文的基础上形成的，按学位论文研究得出的结论：正义原则外化为政治、法律规则的过程就是确立宪法和遵守宪法的过程，本质上就是宪政过程，当然各国宪政的具体道路并不尽相同，即使经济宪政，亦是如此。为避免"宪政"被某一特定的西方经济宪政的具体路径所局限，我觉得本书的书名采用"经济正义法理原则研究"更为妥当。

　　我对正义问题的思考由来已久。我是改革开放前后入校读书成长起来的这一代，在我的记忆中，从中国改革开放起，有关经济公平正义的探讨就从没有停息。如今已过去三十多年，中国的经济面貌发生了翻天覆地的变化，所取得成就有目共睹。经济发展切实解决了社会发展过程中的一些问题，但是毕竟只是阶段性的解决，而从根本上解决可能还需要一些时日，需要一些其他方法来加以共同完善。回顾这三十多年，多少还是发生过一些令人不安的事件，这些事件时刻在提醒着我们：人们对于公平正义的要求也越来越强烈，并且这种公平正义越来越倾向于对经济利益分配的关切，人们变得越来越无法容忍政治权力与经济利益交换所形成的腐败现象。应当直面不公的疼痛，其实疼痛并不可怕，疼痛是机体的自我保护机制在发挥作用；对于不公不平的疼痛表明正朝公平正义在改善；中国社会朝法治方向的迈进正体现了这一特点，随着立法、执法以及司法功能不断完善和强化，一方面，一些曾被隐藏的丑恶越来越多地被暴露在法治的阳光下，另一方面，法治的阳光能够有效地杀灭这些病菌般的丑恶。法治所形成的公平正义，不仅不会造成阶层的撕裂，而且可以形成共识与合力，因为法治需要对话和协商，需要对规则和制度的尊重，特别是对蕴含正义原则的宪法的尊重。在这种状态下，任何人都不可能成为凌驾于对话生成的制度框架上的神，也不可能拥有凌驾于宪法之上的威权。只有把威权的神还原成普通的人、有局限的人，才会有对话，才会有协商，才会有体现共识与合力的宪政制度，以及对宪政制度的尊重。正因为有对话协商，所以才会有宪政制度的设计上的自主性，从而形成各国宪政制度具体道路选择上的多样性，但是公平正义原则及其形成过程却应当成为一种共性。我期望从最关系民生的经济领域找到实现它的具体路径，即经济宪政。目前这可能还只能停留在研究阶段，实践它的艰难程度将超乎人们的想象，这是因为实践的成本是如此巨大，以致无人敢轻易尝试。

促使我从正义这个角度切入的，不仅仅只是心怀天下的忧患意识，而且还源于我希望籍此能更好地理解我的父亲杨正求。即使许多不公的现象冲击着他感受，他却从来没有动摇过他的信仰与善念，正是秉承这种信仰与善念直至 2008 年离世，他留下了近乎完美的好人、老实人形象，这时我突然明白正义原来一直都在，公道自在人心。

本书的研习成果，甚至研习过程中我所拥有的一切人生收获，无不与导师石柏林教授的悉心教导相关。导师的教导不是保姆式灌输，而是大智大慧点拨，导师不仅仅只在学术给予引导和鼓励，而

　　且还在我人生的关键点上指点迷津。得益于这种亦师亦友的宽容氛围，我的研究得到了自由的发挥，即便选题可能有些敏感和存在某种风险，导师也并未加以限制，而是引导我尽可能去解决社会经济生活中所存在不公的具体问题；这次研究仅仅只是一个开始，设计可能还不那么完美精致，解决思路可能还不那么清晰有效，但这些不足都被他化成了鼓励我未来还要继续探索的热情。另一方面，他还鼓励我积极参与社会实践，在具体实践去体会、去探索，我是带着这种探索的精神参与到最具中国传统家族特色的公司中去的，在那里，我努力将宪政法治的精神延伸成公司治理的精神，用以影响企业运作，虽然目前离理想的模式还有些遥远，但是所取得的制度化和规范化的进步使我已有小小的成就感；正因为这一过程的艰难，我深深体会到实现国家治理层面的宪政法治是何等的不易，通过对话和协商形成共识需要何等的智慧。我深知自己智慧的局限，做这样宏大的设计几乎是在做一件不可能的事，但"知其不可为而为之"的悲壮鼓舞着我，更重要的是通过导师鼓励与实践，我感受到人还是需要有超越自我的勇气和精神，正因如此，我们才可以创造奇迹！

　　在写作过程中，我不仅得到了导师的悉心指导，也十分有幸获得了其他诸多教授指点，如：李步云教授传授我们如何确立研究的创新点，王全兴教授指出研究要探讨和解决好公平与效率的关系，单飞跃教授讲授他所研究的经济宪政的成果给我提供了诸多启示；与肖海军教授曾有过的编写商法教材合作，这种合作使我的研究增添了民商法的视角；赵迅教授、邓祥瑞副教授则不仅作为指导的老师，而且研讨的学长，为我的研究和论著写作提供了诸多帮助。在转至法学院前，我在企业管理的这个更微观的层面做过一些研习，这一阶段的研习、特别是有关公司治理的研究，虽然没有达到与我目前研究更具体、更密切结合的预期，但对我现有成果的形成确有诸多裨益，这得益于当时工商管理学院陈收教授、欧阳润平教授指点。还要感谢杜钢建教授、徐涤宇教授、屈茂辉教授，我非常仰慕他们的学术成就，就研究成果而言，我从他们的著述或讲座中获益匪浅。

在此我还要向自己任教的湖南理工学院的文艺文教授、钟华教授、陈建军教授、赖换初教授和左平良教授等诸多领导和同事表示感谢，感谢他们给予的支持和帮助。

另外，在导师为子弟们搭建的这个学术平台上，我们师兄弟姐妹们不仅在学术思想上有碰撞交锋和心得分享，而且在工作与个人生活中也相互支持和相互鼓励：首先要感谢郭哲博士，不仅参与我研究项目的探讨，而且在我研究最艰难的适应时期和研究成果形成的关键时期，都给予了极大的引导和帮助；在写作过程中，许多细节的展开与推敲，得益于与刘焕桂博士生的探讨，得益于与导师的研究生郑勇的探讨；另外与彭澎博士、付小飞博士，陈榕博士以及同门的博士研究生刘勇华、莫连旺等，我们之间无论是学术上还是生活中的交流，都非常愉快而富于收获；就研习上的一切收获，我都向他们表示衷心感谢！

另外，曾就罗尔斯的《正义论》，我和黄毅波律师交流过研习心得，感谢他就此提供的有益建议；研究初步完成后，还要感谢湖南理工学院曾科同学为此所作的文字校对。

最后，我要特别感谢我的家人。首先要感谢母亲曾秋元，她虽然并不了解我研究课题的具体内容，但感受到父亲对我攻读学位所抱的殷切之情，由此她鼓励我从消沉中走出来，督促我在艰难时不放弃。"父在，观其志；父没，观其行；三年无改于父之道，可谓孝矣"。这些年来，我一直没有放弃，并尽力走到今天，不仅取得了博士学位，而且使研究成果得以出版，我希望能对"不孝"有所补救！

其次，我也要感谢我的妻子段德芳，对我长期在外研习，她总是默默无条件地支持我，独自坚韧地撑起孝敬父母、养育孩子的重任，女儿从读初中到顺利考上理想大学关键的这几年，主要依靠的是妻子的陪伴和教育；我还要感谢我的女儿杨笔晨，她的努力使我放心研习，她的懂事使我感到贴心温暖。

　　这些年来，还有其他许许多多老师、同学、同事、朋友和亲人在学习、工作和生活上给了我鼓励、支持和帮助，我无法一一列举，但他们直接或间接地把这种温暖都融入到了我的血液里、生命中，我因此取得的任何研习成果都应归功于他们，在此，真诚地向他们表示感谢；而所存在的不足都归咎于我的迟钝和惰性，但有他们的鼓励、支持和帮助，我就还有信心继续完善自我、实现自我，使自己的研究成果更上一个台阶。

杨忠明

2016 年 9 月于岳阳蓝湖水岸